旅行之木

旅をする木

星野道夫

陳嫺若 譯

目次 Contents

第一部

第二部

第三部

第一部

新旅行

費爾班克斯的新綠季節已經結束，初夏的腳步逐漸靠近。

黃昏時搜集了枯枝，在屋前燃起火堆時，各處傳來紅松鼠的叫聲。殘雪消失的森林地毯遺落著一顆顆駝鹿的冬季糞便，令人納悶那麼大型的生物究竟是何時經過家附近。

輕撫臉頰的風甜絲絲的，讓人領悟季節即將轉變了。在阿拉斯加生活了十五年，還是如此喜愛這塊土地如翻頁般涇渭分明的季節感。

人的情緒實在很可笑，經常受到可有可無的瑣碎日常左右，卻也在風的觸感和初夏的空氣中慢慢豐富起來。人心既深沉，又淺薄得如此奇妙。

肯定就是因為這般淺碟，人才活得下去吧。

結了婚，也開啟了新生活，似乎有什麼正一點一滴地轉變。前幾天整理舊家時，發現了懷念的物品。是一九七八年的日記本，也就是搬來阿拉斯加頭一年的日記。

雖然已相當陳舊，但才翻開第一頁，眷戀瞬間湧上心頭，彷彿見到了久遠以前的自己。日記是在從羽田出發、往阿拉斯加的飛機上寫的，猶如宣誓決心般的文字，讓我忍不住苦笑。當時真是鬥志昂揚。儘管內容教人臉紅，但是可從字裡行間看見正要踏入阿拉斯加這個未知世界的真摯身影。我停下整理雜物，沉浸在那本舊日記中。

當年，阿拉斯加占據了我的腦海，像生熱病一樣，一心一意只想著去阿拉斯加。那時的處境就像明明遍尋不著羅盤、手邊也沒有地圖，卻只想把船駛出去再說。

抵達費爾班克斯機場，便馬不停蹄直奔阿拉斯加大學，我打算進入這所大學的野生動物學系。但是，向入學管理事務處提出審查文件後，才發現我離外國人就讀阿拉斯加大學的英語分數門檻，還差三十分。也就是說今年無望了。然而，我不可能再搭機回日本，心心念念的阿拉斯加就在眼前，船已經駛出海了。

我去見了野生動物學系的系主任，由於先前多次書信往返，他也知道我要來阿拉斯加。連像樣的英語都說不好，我還是努力傳達自己的心情：像是未來要挑戰北極，因此無論如何都必須進入這所大學的野生動物學系，不能只為了三十分的差距而乾等一年；還有我夢想多年好不容易才來到阿拉斯加……

回想起來，我就這樣站在素昧平生的系主任面前，也不曉得到底說了多少莫名其妙的理由。我個人的難處與這所大學根本沒有半點關係，但是當時我已經走投無路，並且認定大學僅僅因為那三十分就不准我入學，實在太沒道理。

系主任默默地聽我說完，然後微笑說：

「好，我會負責讓你入學。我待會兒打通電話，你先去入學管理事務處等候通知。」

我簡直開心得要飛上天，走去事務處時也難以平靜下來，便在大學校園裡奔跑起來。校園坐落在高地，將遠方環抱冰河的阿拉斯加山脈連峰一覽無遺。我彷彿感受到那些山巒在呼喚我。如同現在，那時也正是初夏輕風剛剛吹起的時節。

懷抱著許多夢想來到阿拉斯加的我，彷彿要將那些夢想逐一消化般展開了旅行。得在阿拉斯加的空白地圖上，畫下自己的地圖才行。

我走過橫貫阿拉斯加北極圈的布魯克斯山脈無人山谷，划著皮艇（kayak）在冰河灣旅行，傾聽冰河摩擦的遠古聲響。與愛斯基摩人划著長船（Umiaq，用海豹皮做的船）在北極海追逐露脊鯨，在阿薩巴斯卡印第安人的村落，看到魔術般的散財宴（potlatch）。對馴鹿的季節遷徙著了迷，追蹤牠們壯闊的旅程，仰望過無數次極光，也遇過狼。最重要的是，了解許多人的生活方式……而一晃眼十五年的歲月就過去了。

心中的阿拉斯加地圖漸漸有了雛形。蘊藏雄偉大自然的阿拉斯加，如今也走入巨大的過渡期。想必人類亦然。人的生活與阿拉斯加的大自然會永無休止變化下去吧。人類與大自然的關係，是永遠沒有答案的命題。

然而，人們總在尋求更好的生活。所以我更想親眼見證遠離便利而舒適的生活，住在原野上的人們——背負著許許多多問題、急速現代化的愛斯基摩人，以及印第安人……在這種環境下做出了何種選擇；也想知道一路走來遇見的人們，各自在生活中畫出什麼樣的地圖。因為自己並非與這一切毫無關係。

雖然寫的淨是些不著邊際的東西，但這古老日記本驀然出現在眼前，似乎又將我和久遠以前的自己牽繫在一起。一時間真的傻住了。十五年的歲月看似漫長又備覺短暫。

我不禁尋思，還能再回到當時的自己嗎？也就是讓這十幾年來的地圖在轉瞬間消失無蹤，重返那一無羅盤和指南針，一心只盤算著先把船駛出去，受熱情驅使的當下，然後展開一趟連在哪停泊都不知道的新旅行。或許種種意義上來說，人生也就是這麼回事吧。

好了，差不多該擱筆了。

再過一星期，便能在阿拉斯加的河面望見鮭魚如怒濤般溯流而上。每每伸出雙手抓住一隻鮭魚，那彈簧般激烈的力道總讓我感受到阿拉斯加的夏天。

下回見。

一九九三年六月一日

紅峭壁的峽灣

現在，我正在阿拉斯加東南海面旅行，今天也會在船上生活中結束。儘管沒有發生什麼大不了的事，還是很想記錄這滿足的一天，因此拿起了筆。

這趟追逐座頭鯨的旅行，已經過了快三週。阿拉斯加東南海域資源豐富，大比目魚、鮭魚、螃蟹，隨時隨地想吃就抓，雖然在旅途中，但新鮮的食物絲毫不缺。還釣得到近一公尺的大比目魚。這片海水透明度低，正是豐饒的證明。海底簡直就是浮游生物濃湯。

秋季緩緩靠近，白夜的季節結束，黑夜回返，已是極光出現也不奇怪的時節。四、五年前，我在七月的這片海域看過極光。夜色雖然並未完全暗下，但極光非常強烈，穿破了白夜的光線。這便是盛夏的極光。

旅行途中，一回神發現我正想著友人O。每次看到新的風景時便想，要是她此刻在身邊多好。O因為一場意外的事故失去了孩子，陷在深深的挫折中，真想讓她看看在原生林包圍下的阿拉斯加東南內海。

午後，遇見座頭鯨親子，海面難得平緩如鏡，大老遠即可確認微微噴起的白煙。慢慢接近之後，我們盡可能貼著親子鯨前進。船馬達幾乎處在怠速的狀態。鯨並沒有露出不悅神色，不僅如此，牠們還數度鑽過小船的正下方，像是想和我們玩。

突然間，幼鯨的動作起了變化。牠離開母親，悄悄游近船仰視我們。不過就是這麼一個動作，我們又與這對座頭鯨母子相處了近兩小時。直到太陽西斜，我們才前往今夜停泊的峽灣。

「去Red Bluff Cove（紅峭壁的峽灣）吧」。

今天一大早做的決定。

這片海域之所以精采，原因之一就是散落的無數峽灣之美。每座峽灣都是人跡未至的原生自然世界。在峽灣錯綜複雜地形包圍下的內海、分布其上的無數大小島嶼，毫無縫隙遍布著深鬱的原生林與冰河。漫遊其間旅行的最大樂趣，也許就是挑選每一天下錨的峽灣吧。

若說人都擁有一個不欲為人知的祕密天地，對我來說那就是「紅峭壁的峽灣」。五年前在漫天風雪中，我就是逃進這個峽灣避風。入口的峭壁隱約呈紅色，黃昏的光線映照在山壁時即變化成奇異的風景。即使與長年在這片海域航行的漁夫們聊天，也沒有人知道這個峽灣。可能因為海域廣闊，沒有特殊原因，不會專程來到這裡吧。

「紅峭壁的峽灣」位在環抱冰河連峰的巴拉諾夫島東側，入口雖狹窄，腹地卻漸漸開闊達兩公里寬。過去我陸續前往阿拉斯加東南不同的峽灣，但從未看過這麼神祕美麗的地方。每年來到這片海域旅行，我必定會造訪此地，倒也沒見過其他的船。

三年前，停泊在這座峽灣裡過夜時，我聽見了不可思議的聲音，咻……咻……在萬籟俱寂的黑暗中迴蕩。那是一頭迷途誤入「紅峭壁的峽灣」的座頭鯨。

這座峽灣承載著許多回憶。每次來到此地，我便會懷想悠遠的時間——那是讓人忘卻平日營生、無關悲喜的另一個巨大的時間流。

黃昏前，我們仰望著赭紅色的岩壁駛入峽灣。通過岩礁地帶，離外海愈來愈遠，彷彿書本翻篇般來到另一個世界。

首先是靜謐，環抱一切的靜謐。鐵杉、雲杉等針葉樹群聚水邊，霧氣繚繞在蓊鬱的原生林間，猶如生物般流動。

啪沙、啪沙，白頭海鵰驀地從林間翩然飛起，掠過頭頂。我們一駛進峽灣，海鵰就一直注視著。

退潮浮出的小島上，約有三十頭斑海豹。凝目注視船駛過的海面，會發現連綿不斷的帶狀黑影在兩側游走，那是來此產卵龐大的粉紅鮭族群。

氣勢磅礴的瀑布從山坡原生林間奔瀉而下，仰起頭映入視野的僅一百公尺高，下方消失在森林裡不知所終，源頭是山上的冰河。

峽灣像湖澤般時而脹大，時而狹窄，綿延到細長的深處。正前方逐漸逼近的山巒是一塊無人踏足的處女山域。

不久，我們駛達峽灣的最深處下錨。關上船的馬達後，這才籠罩在真正的寂靜中，聽見了方才沒注意到的細微聲響。

嗶洛洛洛洛……很像白頭海鵰幼雛的鳴聲，但是環視周圍的森林，絲毫不見蹤影。

帕沙……一條鮭魚猛地躍出海面三十公分。

山谷間隱約傳來水聲，不知是河水還是瀑布。太陽沉落前還有點時間，我們從長船上放下小船，在附近一帶散步。沿著生苔大樹逼近的岸邊前進，茂密的雜草叢中開著夏末不知名的花，發現鮭莓的紅果實，從小船上伸手摘了放進嘴裡。

峽灣深處是一片草原，滿潮緩緩上湧。一條踩得平整的草路延伸入山谷。那是棕熊每天從山裡來捕鮭魚走出的路。

從山間谷地穿行而下的小河吸引了我，決定划船溯流到盡頭。無數鮭魚在倒木的緩流帶休息。猛一抬頭，只見白頭海鵰停在大棵鐵杉樹上，目不轉睛地俯視我們，牠距離我們近到幾乎觸手可及，不禁尋思牠為什麼沒有逃走呢。

不久，河流已淺得無法行船，便順著水流返航。太陽落到稜線，四周籠罩在微暗的暮色中。聽見風聲穿過環抱冰河的山巒、生苔的原生林和山谷，除此之外萬籟俱寂。在這片沒有人煙的雄偉風景中，只有我們發出動靜。心頭直掛記的是，有一天要帶好友O來這座峽灣。

夜深沉，滿天星斗，等了老半天也不見極光，倒是月亮升起來了。

明年也要再回到這裡，「紅峭壁的峽灣」是個不想告人的祕密地點。

一九九三年八月十五日

北國之秋

現在，我走在九月阿拉斯加的原野。佇立在麥金利峰[1]山腳延伸而出的廣闊高山凍原，北國秋日透著難以言喻的美。

清晨，不知哪裡傳來沙丘鶴清喉嚨般的大合唱，仰望靛藍的天空卻一無所獲。定睛一看，一道V字編隊正從北方的天空遠遠飛來，牠們飛得太高，所以先前沒有察覺。這些是秋天的候鳥，剛結束北極圈築巢，如今在回返南方的旅行途中。

1 譯注：二〇一五年為支持當地原住民傳統，改回原名「德納利山」。

站上視野絕佳的山坡，遠方的極北山脈披著薄薄的新雪。風中夾帶著些微冬日氣息，讓汗流浹背的身體舒爽許多。卸下陷進肩膀的背包，正想稍微喘口氣，只見凍原的草叢中停佇著喙尖豔紅的小鳥，以前從來沒有見過。我悄悄走近想看清楚到底是什麼鳥時，才發現鮮豔的口紅原來是剛啄食的蔓越莓（越橘）果實。

當白楊樹與白樺樹的葉面逐漸轉黃，凍原的地毯染上了酒紅色，阿拉斯加的短暫秋天宣告開始。如同新綠的高峰期僅僅一天，紅葉也一樣。原野的秋色與日俱深，多種植物交織而成的凍原馬賽克美得難以形容。天天都是大晴天，直到某個寒涼的夜晚後，第二天才會發現周遭景致有了些許變化。一夜之間，秋色快速攻城掠地，北風如畫筆般掃蕩而過。

藍莓和蔓越莓的果實都成熟了，候鳥為了南方的長途旅行，棕熊為了長時間冬眠，拚命吃下莓果積蓄脂肪。北方大自然的恩賜與南方稍有不同。那是在嚴寒環境中凝聚、轉瞬間散開的自然恩賜，瀰漫著一股緊張感。

「藍莓果實今年長得好嗎？」

就像是阿拉斯加這個季節的寒暄，人們也在儲備秋日的收穫準備過冬。

在秋山漫步感到疲累時，我會塞幾顆藍莓到嘴裡。找到藍色漿果忽隱忽現的灌木，便一屁股坐下，將伸手可及的藍莓全部吃光光，順便再爬個幾公尺。一回神，今年又把褲子染得又藍又紅了。

這時期見到摘藍莓的人，大家往往會說「別去撞到棕熊的頭喔」，這並不是玩笑話。因為，不論是棕熊還是人都專注著邊吃藍莓邊前進，誰也沒空抬起頭。我也經常驀然想起叮嚀，趕緊小心翼翼地環視四周。

這種時刻我總會想起繪本《莎莎摘漿果》，描寫母親帶著孩子在秋天來到山裡摘藍莓的故事。莎莎雖然緊跟在專心採果子的母親身後，卻還是跟丟了；一對熊母子也來到這座山上吃藍莓，沒多久，換成小熊找不著專心吃果子的母熊。不知何時，人類的孩子跟在母熊身後，而小熊追在人類母親身後。在阿拉斯加讀這部作品極具真實感。

穿過山谷間的碎石帶，聽到「嗶、嗶、嗶」的可愛叫聲，不知是從哪兒傳來。我睜大眼睛掃視四周，一塊大石頭上坐著鼠兔，銜著滿滿一嘴枯草，箭一般飛奔而出。我追著牠的行蹤，在幾道岩縫間彎身往裡頭張望片刻，只見枯草堆得整整齊齊，像一張床鋪，想必是為了即將來臨的長冬正慢慢累積吧。

從山坡遠眺，一群馴鹿在遠方山麓漫步，看來正準備前往南方的森林地帶過冬。春天誕生的幼鹿也長得相當大了，緊緊跟在母馴鹿後面。長途旅行不久後即將結束。

在傍晚的湖邊遇到駝鹿母子，但只見到一隻幼鹿。駝鹿通常一胎生兩隻，但在這個時期，很少有機會見到母駝鹿身邊伴著兩隻小駝鹿。大多在出生一個月內就會被狼或棕熊殺害。對母駝鹿而言，很難同時保護兩隻小駝鹿，總會失去其中一隻。

每天從頭頂飛過的沙丘鶴編隊消失在南邊的天空。極光在萬里無雲的夜晚展開舞動時，秋色也不知不覺褪了色。那天一定會在接下來的一星期內來臨吧。而現在，閃閃發光的紅葉染遍眼前的原野，肯定正是巔峰。

秋天如此美麗，卻莫名令人焦慮，是因為極北的短暫夏季一眨眼就過去呢，還是因為漫長黑暗的冬天已迫在眼前了呢。明明初雪一降下就心知肚明，心情也會篤定下來……可我就是喜歡秋天的氣息。

從季節循環可以明確感受到流向無窮彼方的時間，大自然竟能運作得如此漂亮。人生在世能遇到幾次如此依依不捨度過的時光呢？也許算著它的次數便不覺人生之短促。

阿拉斯加的秋天，對我而言就是這樣的季節。

一九九三年九月五日

春訊

近來可好？

聽見三月的聲音，在費爾班克斯，嚴冬已經過去。說得更精確一點，被零下五十度修理的嚴寒不會再出現了。日照時間每天都大幅延長，心情上也多了幾分春天的氣息。但是阿拉斯加土地遼闊，又在北緯六十七度以上，因此北極圈的愛斯基摩和印第安人的世界依然處在嚴酷的季節。

今年冬季雪量大增，飢餓的駝鹿紛紛下山，現身在各處的人家附近。在費爾班克斯，很多人家會在夏季耕耘菜園，駝鹿知道這一點，便來吃雪下剩餘的蔬菜。大駝鹿可達六百至七百公斤，這麼巨大的體型與鹿的形象相差甚遠，冷不防出現在院子的樹林間，總會令人倒抽一口氣。尤其是帶著幼鹿的母駝鹿十分危險，絕對不可靠近。但是，難得能在日常生活中近距離觀察動物冒險求生的姿態，還是會盯著牠入神。可能是那番景象也讓我稍稍繃緊神經吧。

不瞞各位，內人直子懷孕了。雖然是個開心的喜訊，卻也處在略微不安的狀態。直子目前常有出血現象，擔心有流產之虞。已經和鎮上的醫生談過，打算先觀察一陣子再說。長久以來徜徉在阿拉斯加的自然中，卻對頭一次降臨在自己身上的自然惶恐失措。

大約在六、七年前，我首次目睹馴鹿生產。那是在五月，我們守在阿拉斯加北極圈等待馴鹿的春季大遷徙。從基地營可看到地平線那端的北極海，雖說已是五月，風吹來的體感溫度依舊在零下五十度左右。

那天傍晚，一小群馴鹿下山，約有三、四十頭。牠們是從遙遠的加拿大北極圈森林地帶，跋涉超過一千公里而來。這群全是母馴鹿，而且絕大多數身懷六甲。追逐馴鹿近十年，我還不曾親眼看到生產的畫面。阿拉斯加北極圈廣袤無邊，我只能守候在一個點，然而馴鹿不斷移動，要巧遇牠們生產非常困難。

這時，我在帳篷中拿起望遠鏡眺望，一頭馴鹿跟不上團體的節奏，動作變得有些奇特。牠時而趴下，時而站起，顯得坐立不安。想來應該快生了。但我離得太遠無法拍攝，要是走出帳篷又會嚇到牠，只能握緊望遠鏡，在心裡祈禱。

馴鹿群繼續前進，消失在凍原的另一端。

突然，馴鹿站起來，雪原上滾落了小小的黑團塊。我連忙將相機塞進背包，悄悄爬出帳篷，在凍原上匍匐接近到可以清楚看見馴鹿的位置。時間接近凌晨十二點，但北極圈已進入白夜的季節，不沉的夕陽映照在雪原上，雖然穿著羽絨衣，徹骨的寒意依然滲入了身體。

母鹿竭盡所能地舔舐著新生命，不久牠站起來做出準備授乳的姿勢，小馴鹿也搖搖晃晃地上前吸住母親的乳頭。體力耗盡的母鹿吃起落在凍原上的胎盤。滑過地平線的夕陽又直接變成旭日升起時，小馴鹿踩起不穩的步伐，跟在母親身後邁出腳步，不知不覺消失在視野中。

幾天後，冰凍的河邊發現了幼馴鹿小小的屍骸。不知是遭到狼或熊攻擊，抑或自然死亡，總之，牠的身體已被吃掉一半。馴鹿幼崽的死亡率集中在出生後一星期內，這段時期是牠能否活下去的分水嶺。我不知道牠是不是我目睹生產的那隻幼馴鹿，但是直到今日，我都還驚愕於生與死的景象竟是如此簡單明瞭。

接著是前幾天，又發生了這樣的事。我在家裡讀書，突然「叩」的一聲，似乎有什麼在撞擊窗玻璃。我走到陽臺，窗下伏著一隻白腰朱頂雀。由於玻璃映著清晰的樹影，牠便一頭撞了上來。可能撞擊力道太大，將牠放在手心時，還看得到頭頂出血。雖說已是早春，戶外寒意依然濃重，我小心捧著牠移到屋裡，放進小紙箱內觀察。

阿拉斯加的鳥大多是候鳥，只有極少數幾種鳥能在零下六十度的費爾班克斯過冬。白腰朱頂雀也是其中之一。我常納悶著，體長不過十公分大小的鳥要怎麼在這樣的寒氣中生存呢。

然而，眼前的白腰朱頂雀，帶著傷，小小的身軀仍在呼吸著。我想救牠，卻不知該怎麼做。而同時，目睹體型這麼嬌小的動物流著血，也的確讓我產生一股不可思議的感動。

幾小時後，我將白腰朱頂雀放回陽臺，牠復原後飛走，或是被其他的鳥類、松鼠攻擊後吃掉，我已經不想管了。傍晚再去陽臺，白腰朱頂雀消失了。不論是馴鹿幼崽在寒風呼嘯的雪原上出生，還是一隻白腰朱頂雀在零下五十度的寒冷中啁啾，都讓人感受到生命的強韌。然而，大自然總是在強韌之下隱藏著脆弱，而更讓我著迷的，正是大自然與生命中的脆弱。

我認為人一天天活著並非理所應當，而是一個奇蹟。再往下探究，也包括身體內心臟撲通撲通跳動，甚至人降生在這個世上。我一面擔憂內人可能流產，同時感受到生命蘊含的脆弱。

「要是會流產，不論用什麼方法也保不住。既然是老天的意思，就順其自然吧。」

沒有什麼比岳母這一席話更讓我們穩住了心情。

我們本就活在脆弱中。換個說法，人類正是降生在某個界限之中，但我們往往忘了這件事。

再過一個月就要融雪了。去年春天，落在屋頂的雪凝結成一大塊冰，某天清晨滑落撞壞了陽臺。這個春的訊息著實嚇了我們一大跳，還以為天要塌下來了呢。

接下來會轉冷，也會再下幾場雪，就在這拉鋸般地一進一退中走向新季節。

那麼下回見。

一九九四年三月七日

狼

現在，我獨自來到露絲冰河。

這裡是從麥金利峰南面流下的冰河之一，也許是阿拉斯加山脈中最美的山域。不只是冰河本身美，冰河域周邊的針峰群更富壓倒性的氣勢。巨石般的花崗岩壁、冰河刮削剖面的深藍、巨大的冰隙形狀……既不是有生物出沒，也不是花開盛放，更像是在拒絕訪客的無機物景象，卻具有不可思議的力量，讓人的心緒昇華到更高的境界。

尤其是每年我建立基地營的冰河源流，稱為露絲圓形劇場，是一個由四千至六千公尺級高山環抱，恍如古代圓形劇場般的地方。這種壯闊的景象無法以言語形容。來到這裡，我經常會想起神話學者喬瑟夫・坎伯（Joseph Campbell）的話：

「我們需要一個時間之牆消失、奇蹟乍現的神聖之地。忘掉今早報紙上寫了什麼、朋友是誰、向誰借了什麼、借了什麼給誰，需要一個忘掉一切的空間，或是一天中的某個時刻。一個可以純粹體驗，引導出真實自我、自我未來的地方。那是創造的孵化場。剛開始似乎什麼都不會發生，但若有了屬於自己的神聖場域，並且去運用它，總有一天會發生吧。人透過創造聖地、透過將動植物神話化，使土地歸屬於自己。也就是說，人類將自己居住的土地變化成具有深刻靈性意義的場所。」

昨天是滿月夜，月亮從名為麋牙（The Moose's Tooth）的巨大岩峰肩頭升起，朦朧地照耀出冰河全貌，也將環抱的群山陰影映射在冰河上。這樣的夜晚我怎能按捺不動，立刻將裝了咖啡的保溫瓶塞進背包，套上滑雪橇，一口氣從基地營的岩山滑到冰河。

雖然已是三月，但此地是高山，冰河上夜風吹來的寒意刺入心扉。但滑過靜寂世界的雪橇聲實在難以言喻，並且感覺自己漸漸從屬於這片廣袤的景色之下。

我在波動起伏的雪原前方停下雪橇，因為深雪下方的隱藏冰隙帶從這裡開展。然而站在這個位置，卻感覺已經來到露絲冰河的正中央。麋牙、巴瑞爾山（Mount Barrille）、索茲伯里山（Mount Salisbury）和麥金利峰正圍繞在我的四周……

我放下背包，啜著保溫瓶的熱咖啡，站在浮出於月光的夜之冰河上，除了偶然幾次別處的雪崩外，沒有任何動靜，也沒有聲音。流星猶如夜空降落的星星，以眨眼的間隔落下。有個朋友曾說起撒哈拉旅行時見到的沙漠之「夜」，我尋思著也是這般光景嗎？只有沙和星的夜世界予人不可思議的力量。

我們生活在資訊爆炸的世界，已經忘記了還有那種世界的存在吧。所以，當有一天突然被丟在這種地方，也許會感到不知所措。可靜靜待一會兒，就會漸漸在資訊極端稀缺的世界裡找回它擁有的豐富。那倒不是一種力量，比較像是我們遺落的想像力。

其實，今天下午發生了一件有點好玩的事。基地營的帳篷外，飛來了一隻草鵐。即便悄悄湊近去，牠也沒有逃走的意思。但這裡是高山的冰河地帶，草木不生，並非鳥兒會光臨的世界。難道是迷途闖了進來？還是遷徙途中呢？我怎麼想都得不到答案。丟了食物給牠，也沒有打算吃的樣子，只是繞著帳篷周圍飛，好像要告訴我們什麼似的。過了一會兒再去看，草鵐已不見蹤影。在這個生物跡象杳然的世界，與山鵐共度的時光略顯怪誕。

我想起曾讀過納瓦荷原住民神話中蒼蠅的故事。人類走在沙漠時，這隻蒼蠅經常飛來，停在人類肩上。納瓦荷的神話稱呼這隻蒼蠅「小風暴」，當幼年英雄接受試煉時，蒼蠅會在他耳邊輕聲告知如何解答英雄父親出的難題。總之是個揭示隱藏智慧的聖靈之聲。

我與露絲冰河有過一段幾乎從未向別人提起的回憶。那已是十多年前頭一次造訪這座冰河的事了。

那天也像昨晚，滑著雪橇從基地營來到冰河。遍布冰隙帶的雪原上，發現了一條足跡。它從麥金利峰的方向一路朝露絲冰河而下，相連不絕。我納悶著到底是什麼生物的足跡，走上前一瞧，原來是狼。為什麼這種冰河地帶會出現狼的足跡？怎麼想也想不明白。莫非像今天這隻山鶵一樣在某處迷了路嗎？還是正在跨越四千至六千公尺麥金利稜線的旅行途中呢？實在令人費解。而且因為太過離奇，不知為何我不曾對任何人說起這段故事。將怪誕的事物留在自己的記憶中，似乎能保有神奇的力量。平日生活在城裡，一想起露絲冰河，那道狼足跡的記憶就會再次湧出。一匹狼在那只有岩石和冰的無機世界旅行的夜，確實存在。一再反覆思索，不由得深深相信那裡的確是個神聖之地。

來到露絲冰河打算待一星期，在太陽的炙曬下，整張臉已黑成木炭。夜晚的時間愈來愈短，即使身在高山的冰雪世界，也能感覺春的到來。今天，雪崩的聲音比平時更加頻繁。

一九九四年三月二十五日

寄自加拉巴哥

來到南美洲的厄瓜多，不論什麼都感到新奇有趣。印第安人的風貌給了我難以形容的異國感受。由於長年定居阿拉斯加，這趟旅行彷如第一次來到異國。

半夜從舊金山起飛，清晨在機艙內醒來，眼下已是開闊的南美洲異樣風情。儘管位在海拔高的山岳地帶，但既沒有冰河也沒有雪。不僅如此，接近山頂附近還有樹木生長。應該是因為位在赤道附近吧。對於來自阿拉斯加的我來說，簡直是不可思議的景象。山谷間時而冒出一個小聚落，我總是出神地盯著這個完全想像不到的世界，直到它消失在視線中。人們生活的景象最是令人著迷。

只不過，南美洲明明是如此遙遠的世界，教人難以理解何以能這麼快速到達。我的身體和心理都還沒辦法跟上。這就是旅行的疾速感吧。不同於從窗玻璃第一次俯望南美洲大陸的興奮，毋寧說我的情緒甚至感到些許不安。世界原是個無限寬廣的抽象詞語，然而，我卻有種被現實感擄獲的不安。地球、人類等宏偉的概念，倒像是從有限之物所感受到、無可消弭的孤寂。也許有人會說：都快要迎接二十一世紀了，怎麼還有這種傻念頭？但是我無論如何都難以拂去這種心情。

我想起從前讀過這樣的故事。記得是前往安地斯山脈進行考古調查的探險隊一行人，探險員組成大型商隊在南美洲山岳地帶旅行時，某天背行李的登山嚮導發起罷工，不肯再往前走。進退兩難的調查隊便和登山嚮導商量，願意提高工資，請他們快點出發。隊員們想，原住民要求的是提高日薪吧。卻見嚮導們充耳不聞，依舊動也不動。會說當地語言的隊員問嚮導領隊到底怎麼回事，不料那領隊說：

「我們這段路走得太快了，是把心丟在後頭走過來的。我們要在這裡等一會兒，直到心追上我們為止。」

我因為參加製作厄瓜多的攝影集企畫而來到南美洲，約有三十名攝影師從世界各地齊聚一堂，各自前往不同地區，進行兩星期的拍攝。主題五花八門，亞馬遜、印第安居民、熱帶雨林……我負責的是加拉巴哥群島。雖然時間很短，卻集中多位攝影師拍攝的主題，後來集結成一本攝影集出版。主辦單位是厄瓜多政府，編輯作業由《國家地理》（美國）、*GEO*（法國）、*Airone*（義大利）的編輯們共同參與。相關收益用於協助厄瓜多攝影師的基金。

根據規定，加拉巴哥群島不得登島下榻，必須在船上生活，在島嶼間來回。正好前一段時間伊莎貝拉島發生山林火災，成為全世界的大新聞，人們都在擔心珍貴的象龜棲息地是否已被燒燬。等我到達時火勢已經熄滅，旅行了十天，與阿拉斯加恍如兩個世界。

世界最大的象龜、生活在赤道邊緣的企鵝，還有為了潛入海中攝取豐富的食物，翅膀退化後無法飛行的丹氏鸕鶿，以及引人回顧地球古老歷史的綠鬣蜥、在各座島上進化成十三種形態的加拉巴哥雀（燕雀科近親）……每一種都是缺乏現實感的奇妙生物。注視著沉落在南海的美麗夕陽，不禁想像距今約一百五十年前，小獵犬號從水平線另一端出現的景象。

奇怪的是，沉浸在加拉巴哥群島的神奇大自然中時，我的心卻驀然懷念起阿拉斯加。現在正是大群馴鹿在北極圈凍原遷徙的時期。今年，馴鹿群也會通過我平時設置基地營的空卡庫特河谷（Kongakut River）吧。好友叢林飛行員唐·羅斯如今應該正在布魯克斯山脈飛行。這些都讓我想念不已。儘管首次的異國旅行令我感到興味盎然，對阿拉斯加的思念卻也與日俱增。

但是，見到幾位南美洲的攝影家之後，還是很慶幸能來到厄瓜多參與這個企畫。尤其是一起負責加拉巴哥群島的哥倫比亞攝影師阿爾多·布蘭特，旅途中也變得如兄弟般親近。

阿爾多長年待在哥倫比亞拍攝大自然風光，對於祖國一部分的亞馬遜叢林懷著無限的夢想。聽他聊起家鄉，亞馬遜生態與居民生活的急遽變化不再只是尋常知識，彷彿連自己也有了切身的感受。阿爾多每天晚上都熱切地告訴我，他認為自己身為一名攝影師，就該把即將消失的世界用心記錄下來。

同時，他也告訴我在哥倫比亞拍照維生的困境。首先，當地並沒有能夠發表攝影作品的媒體，自然也沒有雜誌。愈是聽他分享，愈能看出阿爾多生活的貧困。既沒有像樣的居處，除了照相器材之外，幾乎身無長物。連照相器材也算不上完備。我實在難以置信，阿爾多居然是代表哥倫比亞參與這項企畫的當地攝影師。

然而，阿爾多依舊一派神清氣爽，甚至帶著幾分哲學氣質，以及難以名狀的幽默感。旅行啟程前，全體隊員依序進行自我介紹，當時阿爾多的發言讓我印象深刻：

「我的拍攝主題是哥倫比亞的自然環境。各位朋友一聽到哥倫比亞，腦中馬上浮現的應該是毒品或犯罪之城吧。說來有點可悲……這個國家沒有餘力保護自然環境，所以我希望至少自己能堅守攝影的崗位，保護亞馬遜的自然生態和人民的生活……啊，對了，拍照之餘我也熱愛攀岩。攀爬垂直岩壁這件事，很難解釋得清楚，但那不是興趣，對我而言更像是一種信仰。請多指教。」

阿爾多有點離群獨立，但他的專注和樸實的性格深深吸引了我。參加這個企畫前，哥倫比亞——甚至整個南美洲，對我而言只是個神祕莫測的世界。但是聽了好友阿爾多的故事，我感覺自己對這塊大陸多了幾分親切感。與人相遇、喜歡對方，世界的風景就會愈有廣度和深度。世界果然無限寬廣。

對了，赤道的落日太令人驚奇。阿拉斯加的太陽總是無限緩慢地沉入水平線，但這裡的太陽一溜煙就落到水平線下，轉瞬間世界已是黑夜。

一九九四年六月二十八日

老渡鴉

各位過得可好？進入七月之後，天天都很炎熱。大家肯定不相信在阿拉斯加也會感到炎熱吧。但是極北地區的夏季晴朗涼爽，幾乎不會出汗。

我來到印第安古欽族（Gwitchin）的村子，老渡鴉。這個聚落就在流經加拿大北極圈至阿拉斯加北極圈的豪豬河（porcupine river）旁。少數人會越過國境生活在加拿大境內。這條極北的美麗河川，下游會注入阿拉斯加的大河——育空河。

走在村子裡，果如其名看到了許多渡鴉。但才稍微一走近牠們就翩然飛走，彷彿看透了人類的心思。在印第安人和阿拉斯加原住民等族群的創世神話中，必定會出現這種鳥，是一種具有魔力的神奇鳥類。總而言之，據說渡鴉是世界的創造者，最初，牠創造了一個沒有痛苦和醜陋的幸福世界，然而有一天，渡鴉對完美感到厭煩，便將世界改造成滿是缺陷之地；人類也是渡鴉所創造的不完美造物之一。儘管如此，這村子真是取了個好名字呢。

古欽印第安人每兩年會舉行祭典，今年決定在老渡鴉村舉辦。在阿拉斯加，古欽族形成的村子有北極村（Arctic Village）、查爾基齊克（Chalkyitsik）村、維塔尼村。從地圖上看，這些村落與老渡鴉之間隔著國界；但是從空中俯瞰，其實都是生活在同一片原野的住民。我從阿拉斯加坐塞斯納飛機前往，大部分人則是划著小船沿河流抵達。不管是哪一條路，都渾然不覺跨越了國境。

各位聽過古欽印第安這個民族嗎？我想恐怕連長年住在美國當地都絕少有人知道。他們是北極的狩獵人，總人口不到五千。靠著獵捕波浪般行經這塊土地的馴鹿為生。要不是關於北極圈未來的抗爭——油田開發與保育馴鹿的環保爭議撼動美國，要不是古欽印第安人高聲反對，也許世人早已遺忘極北的原野上還有這群人。儘管被遺忘也是他們的期望。

居民們從各個村落來到此地參加祭典，僅兩百多人的老渡鴉村突然擠入平日兩倍以上人口。村民的家裡容納不下這麼多人，於是外地客大多在河邊架起帳篷。我也在印第安友人的介紹下，住進一個叫蘿麗的女士的帳篷中。

雖然友人只說是個綠色的大帳篷，來到河邊後很快就找到了。蘿麗約莫三十多歲，有兩個小孩，與丈夫離婚了。她的母親是古欽印第安人，父親是白人，父母也已經離婚。蘿麗露出一副沉思的表情，我不禁好奇，她為什麼孤身一人帶著帳篷來到這麼偏遠之地參加集會。我隨口一問，她只回答「有些私人原因」。

兩年一度的古欽印第安祭典，最初的目的是討論族人各種疑難雜症的聚會。像是對油田開發的不安、保護狩獵生活、傳統價值觀喪失、酒精中毒、即將消失的語言、年輕人的未來……每天訂一個題目，從早晨討論到傍晚。這些也是全體阿拉斯加原住民在新時代夾縫中所要面對的問題。

任何想發言的人都可以站在麥克風前，不需要排隊，也沒有時間限制。可以是回想、告白、憂慮、對未來的夢想等等。唯一的規定，就是上臺的人必須握著事先準備好的木杖發言。我可以從那木杖中感受到「想把每個人的心願凝聚為一」的堅定意志。我不時會在人群中尋找蘿麗的身影。

這十年來，我都在拍攝馴鹿，也著迷於與馴鹿共同生活的極北狩獵人。我想拜訪古欽印第安耆老，探問上一世代人們的想法、如何融入大自然生活，於是漸漸展開了屬於自己的旅程。來到老渡鴉村也並非沒有明確的目的，不光是為了聽故事，也想了解居民現況，有機會的話，我希望能盡量多認識一些人。

坐在會場的一角，傾聽居民的心聲，驚訝地發現生活在極北原野的古欽印第安人面對的問題，與我們的問題幾乎相同。一言以蔽之，就是對新時代的不安。這種不安來自於他們周遭的自然環境，還有他們的內心。很多人擔憂，在傳統與現代化的夾縫間，以及日益多樣的價值觀中，到底該以什麼作為心靈的支柱。倘若我是古欽印第安年輕人，也會思索自己該朝哪個方向活下去。彷彿四面楚歌，眼前這群人正想盡辦法尋找更好的方向，他們的身影總是令我心折。

再過五年就要迎接二〇〇〇年了，不禁覺得我們真是活在一個空前的時代。資源耗竭、人口問題、環境汙染……光想就充滿無力感，畢竟還找不到正確答案。可我又想：實際上，根本就沒有正確答案吧……想到這一點便稍稍鬆了一口氣。為什麼沒有正確答案，反而更令我感到放心呢？

有人說，我們肩負著千年後地球和人類的責任，這種說法令人困惑。言詞上雖美，從現實面來看，還是太遙遠了。而我是這麼想的，也許我們扛不起千年的重擔，但至少我們這一代人得對一百年、甚至兩百年後的世界負責吧。總而言之，儘管沒有正確答案，但是在這個時代，我們有責任找出更好的方向不是嗎？換句話說，不管是古欽印第安人還是我們，也許都還在永無止盡的旅途上。

聚會即將進入尾聲的那一天，蘿麗站到了麥克風前。

「過去，我生活在白人的社會。在父母面前、在失敗的婚姻中失去了自我。不久之後，我漸漸意識到身體裡流著一半印第安人的血液。回首童年，那段時期過得非常不穩定。我始終不明白是怎麼回事。直到我回到了母親出生長大的村子，在那裡感受到自己的歸屬……後來，我也會盡量參與古欽印第安的聚會。」

蘿麗像要將多年積壓在心頭的話一吐為快。

聚會結束後，蘿麗回到帳篷裡驀然冒出一句：

「能來參加這個集會太好了……」儘管在老渡鴉村的我們只是瞬間的交會，對彼此的人生依然毫無所悉。而我想，蘿麗還在旅途中。

古欽印第安人的集會在今天畫下句點。昨晚準備了各種口味的食物，主要仍是馴鹿肉，每個人靠著這塊土地的恩賜大飽口福，同時跳舞到深夜。連我也被拉進他們的圈圈裡。

今天也是個晴朗炎熱的日子，打算回阿拉斯加村落的人划著小船，從豪豬河順流而下。廣闊的原野綿延到天邊，水彩畫般的白雲飄浮在天空。天空真的非常廣闊。喀嚨、喀嚨，渡鴉一邊叫著，消失在藍天。

一九九四年七月四日

寄自薩爾茲堡

我正在奧地利的薩爾茲堡寫這封信。這是我第一次到歐洲，難以形容的心花怒放，像是獨自去遠足的孩子，又像是頭一次從鄉下進城，來到東京的感覺。明明在美國待了十八年，而且從阿拉斯加繞過北極非常近，卻不知為何從來沒去過歐洲。

德國自然攝影協會在杜塞道夫主辦膠捲嘉年華活動，我以「阿拉斯加的人與自然」為題進行演說。工作數日結束，決定將剩餘的日程全部留在薩爾茲堡。旅程只有十天，與其到處走馬看花，我更想悠閒地待在一座城市。一位奧地利的友人也住在薩爾茲堡，這是我嚮往已久的城市。我提起電影《真善美》時，朋友還一臉驚訝，像在說「怎麼連你也是」（意思是我和許多觀光客一樣）。當時外國還是一個遙遠的概念，電影中薩爾茲堡的景致令我難以忘懷。故事般的老城風格、周圍環抱的阿爾卑斯山脈，年幼的我強烈感受到「世界上怎麼有這麼美的地方啊」，至今仍記憶猶新。

搭上清晨的火車從杜塞道夫出發，眺望萊茵河，穿過阿爾卑斯的山谷，抵達薩爾茲堡時已是深夜。把自己塞進前來迎接的朋友車裡，再沿著流過市區的薩爾察赫河走了一會兒，古老的薩爾茲堡要塞逐漸在夜景中露臉，對像我這樣來自阿拉斯加的人而言，彷如另一個世界。歷史不只是知識，而是巍然立於眼前、存在於日常的風景，能身處其中真是太好了。我認為這肯定影響著人們的思考，不經意間，確確實實地感受到「自己從哪裡來」的無形時光流動。

比起參觀名勝古蹟，我更喜歡待在城內的咖啡館或偏僻小店裡觀察人們的表情。每天到處閒晃，欣賞薩爾茲堡的景色。午後一定到「莫札特」咖啡館報到，啜著咖啡、看著下棋或讀報的人。有趣的是，儘管與這群人僅僅隔著幾公尺，但我既無從得知他們的人生，終究也不會相識。這本是天經地義，但是每當在陌生的土地上旅行，我就會湧出這種感懷。

哦，對了，頭髮留長了，所以今天也去了理髮店。以我個人的主張，旅行時若想聞聞當地人的氣味，最好去理髮店。你問我為什麼，我也說不上來，但是與居民一同坐在理髮店的椅子上，讓師傅理髮、修鬍子，度過悠閒的時光，好像不知不覺就能成為那片土地的一分子。

曾經，我在阿拉斯加見到的一位瑞士人說過這麼一句話：

「瑞士已經沒有自然可言，幾乎都是經過斧鑿痕跡的人工自然。要是移得了山，瑞士人搞不好連山都想挪動。」

經過這次旅行，我才明白為什麼那麼多瑞士和德國觀光客來到阿拉斯加。幾天前，我和友人前往薩爾茲堡郊外登山。相較於阿拉斯加，歐洲阿爾卑斯就像小人國一般迷你。雖美不勝收，卻沒有縱深。儘管依舊能舒展身心，卻少了將人類拒之於外的壯闊。我深深體會到，歐洲人之所以深深受到阿拉斯加吸引，是為了追求真正的野生自然。

一百多年前，去過阿拉斯加的人會說「年輕時別去阿拉斯加，人生的晚年再去」。言下之意是，一旦去了阿拉斯加，世界其他地方都將顯得渺小而遜色。我並不是認為廣闊的自然才偉大，小巧的自然不好，只不過是想到了遙遠過去的旅行者說過的這番話。

來到薩爾茲堡，最令我驚訝的是，建築物古老得難以置信。昨晚，我聽了一場古典音樂會，會場是一座石砌的建築，少說也有超過三百年的歷史。那是城中任何角落都看得到的薩爾茲堡要塞，建於一〇七七年，它所帶來的震撼顛覆了我的時間與歷史感。我驚奇於古歷史依舊鮮活地存在於近代之中，也再次驗證了羅馬文化與文藝復興等西歐歷史其實離現代人很近。

我在阿拉斯加旅行期間，自創了一套丈量人類歷史的尺度，那就是白令陸橋[2]的存在。最後一個冰河期，蒙古人從亞洲北方穿越乾涸的白令海來到北美洲，時間約是一萬年前。不知從何時開始，我不再覺得這一萬年距離我們太過遙遠。倘若以回顧人的一生來追溯歷史，它並非難以企及的遠古史話。不僅如此，最後一個冰河期也是不久前才發生的事。

可能我的思考模式就是如此，覺得歐洲的歷史不過是晚近之事。站在文藝復興時期的建築前方，意識到它僅僅只有四、五百年歷史時不覺愕然，訝異的也許是察覺人類歷史的淺薄，也可能是人類生活竟變化得如此快速。

首度踏上歐洲的土地感覺真好，我彷彿擁有了包含阿拉斯加在內，兩個世界的時間流。親眼所見與讀書或耳聞，是全然不同的體驗。等我回到阿拉斯加，似乎會以稍微不同的心情繼續我的旅程。

明天，我將和友人一同前往距離薩爾茲堡五十公里的山村，尋訪他出生的故鄉，見見他年老的父母。據說是個美麗的鄉村。附近的哈爾施塔特

2 譯注：位於白令海的史前陸橋，連接西伯利亞東岸與阿拉斯加西岸，曾為亞洲與北美洲生物區交流的通道，約於一萬一千年前被海水淹沒。

山谷，從史前時代就有人們定居下來挖掘岩鹽，他們的後裔如今仍住在那裡，我想去拜訪他們。

今天飄了點小雪。想念阿拉斯加的冬天。那麼，下回見。

一九九四年十月二十八日

阿米許的人們

我離開阿拉斯加，來到賓夕法尼亞州的匹茲堡。雖然已是十一月，但是從隆冬的阿拉斯加來到這裡，並不覺得寒冷。我喜歡阿拉斯加冬季動不動零下五十度的那種凜冽的寒意。

城內的卡內基自然史博物館，現正展開為期三個月的「阿拉斯加」攝影展。我也是因為開幕而來到此地。來到美國本土的大都會，深深體會到阿拉斯加邊境的蕭瑟。那片司空見慣生活其間的土地，此刻卻像是遙遠的另一個世界。

今天一整天沒有行程，正盤算著到哪裡走走吧。腦中驀地浮現阿米許人的故事。賓州有幾個阿米許人的村落，一番查詢之後，決定去離匹茲堡最近的新威靈頓走一走。

阿米許的歷史可追溯到宗教改革的十六世紀初，當時的人再次回歸聖經中樸素的信仰生活成為濫觴。至今依然傳承這種思維的人們，建立起自己的社會生活。他們極度不信任科技，直到今日基本上也不使用電力，過著自現代文明缺席的生活。很多人甚至沒受過高等教育，僅極少數人從事現代社會的工作，所有家庭都有農場，過著簡樸的日子。

我對阿米許人的服裝印象深刻，各位肯定也在美國電影裡看過。不論大人小孩，男性戴著寬緣黑帽，穿著毫無裝飾的黑粗布衣；女性也一樣，一身極為拘謹的獨特服裝。另一個阿米許的象徵，是如同小盒子的黑馬車吧。在汽車普及的當代社會中，這個象徵反而讓人一眼就想起阿米許人。

我一直很好奇，在近代文明薈萃的美國，卻有一群人建立了反人類歷史潮流的社會。換個說法，他們是一群對「進步」這件事絕對警覺的人。

開車約莫三個小時，來到了名叫新威靈頓的小村落，典型的美國鄉村小鎮。阿米許的村子散落在小鎮郊外，常見到像我一樣來觀光的人士，也難怪不論哪座村的阿米許人都十分排外。

穿過村子，走下一條長長的坡道，來到美麗的田園地帶。冷不防，一輛黑色馬車猛然逼近車子前方。但其實是因為車速差距太大，才有了這種錯覺。我一時不知如何是好，姑且跟在後面慢吞吞走了一陣，然後再緩緩超越。從後照鏡瞥見坐在馬車中的人。最吸引我的不是首次看到的阿米許怪異服裝，也不是聖誕老人般的長鬍鬚。該怎麼形容呢，是那人目光裡投射出來的氣質，換言之，我直覺馬車中的人的思考與我們截然不同。只見鏡子裡的黑色馬車變得愈來愈小，一會兒後完全不見蹤影。

不久，田園地帶的邊陲出現一棟小小的紅磚房子。看起來屋內只有一個房間，瀰漫著早已被人們遺忘的氛圍。車子正要通過屋前，大門開了，身著傳統服裝的阿米許孩童飛奔出來。原來這是村裡的學校。時代彷彿倒退一、兩百年。

車子飛馳在圖畫般的農場裡，我發現每一戶人家前都停著小型的黑色馬車，沒有汽車。四下看不到電線。不曉得他們究竟過的是什麼樣的生活？很難按捺下想去窺探屋裡的衝動。

「內有編織品出售」，一棟屋子前方掛出這面招牌。我們下車，狹小的屋內似乎販賣著村人製作的各式手工藝品。

走進屋裡，一個大約十二、三歲的可愛少女獨自看店。她散發出的強烈氣質正如同我第一次瞥見馬車裡的阿米許人。但那與她一身脫離時代的服裝無關，而是少女本身釋放出的氣質，那種氣質不會在現代文明中的孩童身上看到。我一邊挑選織品，又忍不住看向她，原來少女也一直在偷看我。

「村子裡有吃飯的地方嗎？」

不管怎麼樣，我都想跟少女說說話，挖空心思好不容易才想出一個問題。但問題很蠢，阿米許村當然不可能有餐廳。

「……村子裡什麼都沒有，但村外有家小店供應三明治。」

少女靦腆地回答我。是啊，這孩子也許經常與家人坐著馬車到鎮上，然後在那家店吃三明治吧。腦海中浮上這幕景象時。我竟莫名鬆了口氣，不覺開心起來。我向她道了謝，買了小紀念品後離開。

在阿米許村只待上短短一天，而且只是在田園地帶亂走，就這樣信步漫遊度過。然而一幅幅風景留在心底，難以忘懷。

太陽西斜，家家戶戶升起炊煙的農場上，一名少年孤伶伶地坐在秋千上，這個夜裡他會怎麼度過呢？

農場的倉庫前，兩名年輕人扛著鐵鍬正在交談。他們在說些什麼呢？在暮色的淡淡光線中，一對老夫婦驅著馬匹耕耘大地的身影，彷彿中世紀的風景畫。

我們一向對人類進步的歷史深信不疑，而此時此刻，我們察覺到進步之下暗藏的陰影，只能錯愕以對。然而，我還是不知道阿米許人在向我們訴說什麼。

在少女介紹的店裡用過晚餐後，便在新威靈頓鎮上隨意走走，這座小鎮是活在現代文明中的鎮民，以及抗拒文明的阿米許人賴以為生的交會場域。一條路串起的兩個世界，邊界究竟在何方？那名少女乘坐馬車來到鎮上時穿越了那條界線嗎？還是回村裡時屈身鑽過某處呢？我相信必定存在著這種曖昧不明的灰色地帶。

就算少女心底一角對物質豐足的小鎮生活感到嚮往，我也一點都不驚訝。不只如此，我更希望她能懷抱這股憧憬。新威靈頓的居民看著來到鎮上的少女時，想必也如此期盼吧。

太陽已沉落，鎮上大道亮起了溫暖的燈光。感恩節即將到來，連這小小的美國鄉村都充斥著華麗的氣氛。

這時，不知從哪兒傳來馬兒噠噠的蹄聲。回頭望去，黑色馬車正從馬路盡頭駛來，風一般通過我的眼前。我不住盯著它一看再看。直到馬車早已從視野中消失，唯獨蹄聲仍迴響在我心中。

一九九四年十一月二十二日

第二部

聊聊坂本直行先生

秋日的麥金利國家公園裡，偶然遇到朝比奈老師伉儷。心裡估算著他們也該到了，卻不料直接撞個正著……

在路邊眺望遠山坡面上的灰熊母子時，往來德納利營小木屋的公車在眼前停下，兩夫妻下了車滿臉欣喜。

千里迢迢終於到了啊，兩人的臉上掩不住興奮之情，看著他們我也不禁開心起來，一回神，已上前和老師握住彼此的雙手。夫人的健康一直不甚理想，再加上高齡，本來還擔憂這趟旅行恐怕未必成行。

朝比奈老師已經從北海道大學退休。他是從事寒帶昆蟲研究的生物學家，也是北大山岳社草創時期的領袖。我們在三年前的札幌雪祭上認識，牽線者是生前未曾謀面的山岳畫家坂本直行先生。

今年二月，我在札幌首度舉辦攝影展，並在當地報紙上寫了一篇〈寄語攝影展〉的文章。打從十來歲，我就非常嚮往北海道，所以在思索寫什麼內容時，腦中便浮現出坂本直行先生這個人。透過直行先生的繪畫和文章，似乎更能滋生出對北方大自然的想望。

明治三十九年，坂本直行出生於釧路，北大農業系畢業後，在十勝的原野上展開拓荒生活。與不毛之地奮戰長達三十餘年後失敗，將鐵鍬換成畫筆，成為山岳畫家。從四時的原野風景到日高山峰，創作不輟。他充實的生活態度深深吸引著我，我尤其喜愛他的畫作，讓人感受到與大地緊密相依的生活。

《開墾記》、《從原野見山》、《雪原的足跡》……這些著作至今仍在我阿拉斯加家裡的書架上。直行先生的世界恰恰吻合了我對北海道大自然的嚮往，似乎也與阿拉斯加有所連結。

攝影展開展後，朝比奈老師看到了報紙上刊登的展覽訊息，便偕直行先生的幾個山友來到會場。朝比奈老師是直行先生在北大山岳社的學弟，夫人則是他的親妹妹。那次見面促成了兩夫妻這趟阿拉斯加之旅。

參觀攝影展的山友中，有一位五十多歲的I女士。我們聊得很投緣，不知不覺談起直行先生的著作《雪原的足跡》。我很喜歡這本書的第一章〈幌尻的歌聲〉。

內容描述與家人和從前的山友難得相聚，一同探訪日高山脈的祕境——幌尻，以及山腰環抱的七沼冰斗的山旅過程。爬山的樂趣感染了閱讀的我，心下暖洋洋的。而直行先生看見七沼大冰斗的殘雪與花田景觀，留下這樣的記述：

「從前，先人阿伊努人為了獵熊來到了這寂靜的祕境，對我而言，這裡彷彿蘊藏著傳說和不可思議的夢。」

我很喜歡直行先生對這塊土地上原住民的樸實想法，那不是鄉愁，而是扎根於生活的哀愁目光。

「我也參加了幌尻登山喔。」I女士開心地說。

「妳該不會就是書中那位『後輩推銷中的炊事部長I女』吧?」

我讀過這本書好幾遍，所以連這種細節都記得一清二楚。儘管和I女士初次見面，感覺卻像老友一般親切。

當時，有一本介紹北海道群山的雜誌，叫做《北之山脈》。我雖然從未踏足北海道，卻是該雜誌的忠實讀者。茗溪堂是東京唯一販售這本雜誌的書店。如今回想起來，我竟是如此著迷於北方的大自然。

攝影展即將結束當天，出乎意料，坂本直行先生的遺孀弦夫人也來到會場。她已年近八旬，打扮高雅秀麗，但渾身散發出三十多年來與原野奮鬥的大地氣息。

受弦女士邀請，到她在手稻的家中拜訪，品嚐她用心準備的早餐，是這場攝影展期間最美好的回憶。蜂斗菜花莖煮的清湯與暖呼呼的白飯……我從未享用過這麼可口的早餐，還多添了幾碗。看到屋裡展示的古文獻收藏，這才知道直行先生與坂本龍馬有血緣關係。

夫人給我看了幾本記錄嚴酷開拓生活的相簿。題為〈開墾記〉的相簿不知何時變成〈悔恨記〉，既好笑又令人感動。奮鬥了三十多年，然後失敗離開……十來歲時，我並不明白這過程意義何在。但現在我明白了，直行後來拾起畫筆就是肯定那段歲月，而最終他還是凱旋歸來。相簿第一頁弦女士少女般的照片十分可愛，令人印象深刻。

至於我相當喜愛的《雪原的足跡》，書中最令人難以忘懷的是阿伊努老人廣尾又吉的故事。當時直行先生為開拓生活所迫，卻還是經常獨自前往又吉老翁獵熊時常去的南日高群山。由於幾乎沒有人會像他一樣自找苦差事，直行的名聲便在人口稀少的村中不脛而走，後來傳到了又吉老人耳裡。又吉天性純真，兩人在村中打鐵店初次相逢的場面非常溫馨。

「這小子叫坂本。他像你一樣，沒人請他，就自己在山裡到處跑。你們也算是同一類人。只不過他這傢伙別說是獵熊了，光看見熊都會嚇破膽吧。」

「啊，你就是坂本啊，老夫聽過你的名字，心想哪天一定要見一見你，真是有緣。你這小伙子也是滿山遍野地跑吧。我聽人說過。怎麼樣，坂本小子，厲害吧！」

「是嗎，在下也早想見上又吉老哥一面。今天能見到真是太好了。」

又吉年輕時，難得官府分配給他土地卻遭人訛詐勒索，晚年過著一貧如洗的生活。但即使如此，又吉並不怨天尤人，那無欲恬淡的性格和值得敬愛的人格，都令直行敬仰不已。

又過了好幾年，又吉老翁把愛用的村田槍喀答喀答地扛在肩上，出現在直行坐落在原野上的家門口，兩人度過了珍貴的一晚。燒酒脹紅了兩人的臉龐，獵熊的故事、微醺吟唱的阿伊努安眠曲的哀愁旋律，在直行的心底留下極為深刻的回憶，又吉看起來就像是從童話故事走出來的使者。

「爺爺，你遇到熊的時候會怎麼做？」

「我呀，若是沒把握打中，就不開槍。老子杵在那兒慢慢等，等牠自己走過來。那傢伙渾然不知地走到近前來，但要是垂著頭，這樣可沒法開槍。這時候，我會『呃哼』一聲清清喉嚨，那熊想必會嚇一跳，咆哮著站起來。這下可就手到擒來了。」

孩子們吞了一口唾沫，團團圍住又吉，瞪大眼睛傾聽著他口中吐出的驚人經歷。

還有那麼一年，原野的巡警路過直行的家，兩人聊到了又吉老翁的年紀。

「又吉的戶籍上載明生於明治四年一月，日期不詳，今年八十六歲。但其實應該不止，連他自己也不敢肯定的歲數，少說有二十歲。」

「怎麼會這樣？」

「因為又吉說的話常和他的年紀兜不攏啊。年代我說不清楚，但過去十勝的阿伊努人和日高的阿伊努人在這條河的後方打過仗，據說又吉那時是酋長，所以絕不可能只是十歲或十五歲的孩子，再怎麼少年英雄也該超過二十歲吧……那場戰役的地點，如今只有又吉知道。」

後來，直行與札幌的阿伊努民族研究家更科源藏拜訪又吉老翁，沒想到此行也為他超過檯面上的真實年齡做出了佐證。明治初期，日本與俄羅斯交換樺太（庫頁島）與千島群島領土時，住在樺太的阿伊努人被遣送回北海道，當時又吉甚至來到札幌，說明歸國的阿伊努人裝束穿著與本土有著極大的差異。事件發生在明治八年，而老人的出生日期是明治四年。也就是說，又吉雖年近百歲，卻仍扛著步槍，沒有像樣的糧食，獨自住在山中追著熊到處跑。

揭開這個故事的那一年，又吉在聖誕夜去世。

「……幾個人守護著放棺材的雪橇，將它拖到看得見太平洋的原野墓地。我目送著人數零星的送葬隊伍從視野中消失在雪原的盡頭……家徒四壁的屋舍失去了主人看來更加淒涼。入口的釘子上隨意掛著又吉老翁愛用的老舊村田槍。凝視著那把槍，感傷得熱淚盈眶，策馬在雪原上奔跑。……老人生前經常涉足的野塚川上游，雙子山的峰頂在逆光的夕照中閃閃生輝。墜落地面的努普卡（原野）之星。」

我讀到這本書時，那個世界早已逝去了吧。當年僅十來歲的我，對於從未親睹的北方原野心往神馳，暗暗下定決心有一天也要在那裡生活。

但是，我沒去北海道，卻來到阿拉斯加。我驀然想到，也許我在阿拉斯加所經歷的，就是直行先生曾經生活過、懷著哀愁目送的時代。因為我在這片土地上旅行時，似乎邂逅了許許多多的廣尾又吉。愛斯基摩和阿薩巴斯卡印第安族的廣尾又吉。

札幌攝影展的隔年，一封信自北海道寄來，是建於帶廣郊外的坂本直行紀念館開幕邀請函。我只是一名仰慕者，更從未在直行先生生前與他見過面，而弦女士卻不忘關照我。儘管未能從阿拉斯加前往，但依然對於這份心意懷著無盡感激。

紀念館會因應時節展示直行先生的原野生活，以及他持續二十年不輟的畫作。興建紀念館的單位是北海道西點老店六花亭，他們自始至終都支持直行先生利潤微薄的工作。相信很多人看過六花亭的美麗包裝紙，那就是用直行先生的花畫設計而成。這家老店還長年發行兒童文學雜誌《賽羅》，雜誌封面也採用直行先生的畫作。

去年二月，我終於有機會造訪紀念館。坐落在帶廣郊外的這間紀念館，在槲樹圍繞下融入周圍的風景，讓人感受到這片土地開拓時代的氣息，真是名副其實的坂本直行紀念館。

踩著積雪，注視仍掛著枯葉的樹木，心下尋思：啊，這就是直行先生經常提到的槲樹呢，霎時浮上遇見故舊之感。在北海道，凡有原野之處就少不了槲樹，它是土地貧瘠的證明，從農民的角度看來絲毫不值得高興。

「第一次在原野上過冬時，即便積雪也看得見掛著枯葉的槲樹，勾起了我極大的興趣。在單調奇異的冬季原野景致中，它是再適合不過的點綴；也是寒色系冬季原野上唯一一道暖色系波流。槲樹的庸俗與粗野，以及那可怕的強韌，扮演著原野生活中強大的核心角色。原野與槲樹、槲樹與開拓者，對開拓者而言，沒有哪一種植物比槲樹更能留下深刻的印象；對於常在原野上健行的登山客而言，恐怕也是如此。」

可能是淡季的關係，館內的參觀人數寥寥可數，四周靜寂無聲。走進館中，冬日陽光滿滿灑入室內，空間非常舒服。直行先生的畫作展示在如此悠然的空間，令人欣喜。我愜意地在木地板上踩出吱軋聲，專注欣賞每一幅畫作。

納沙布岬的流冰、晚秋的日高連峰、冬日原野、乾枯的槲樹……好幾幅都是在書中讀到的畫。然後，我在一幅小速寫畫前停住腳步，小小的標題寫著：廣尾又吉像。

朝比奈老師伉儷在麥金利山腳的木屋待了一星期後，也來到我在費爾班克斯的家。短暫的旅途中，他們就接連看了紅葉、新雪和極光，似乎收穫甚豐。

「倘若哥哥還在世上，一定會想來阿拉斯加吧。」

夫人這句話讓我永難忘懷。

歲月

六月，在東京開了攝影展。平時幾乎一整年都在阿拉斯加度過，攝影展給了我和許多人士接觸的機會。二十五年沒見的幼年玩伴，成了壽司店的老闆娘。這麼說來，她從小就是個朝氣蓬勃的孩子。其中，久違地見到了T的母親。

十八年前，我們才二十一歲。結束谷川岳的夏山集訓，在回程的深夜火車上翻開報紙，不知為何登著國中好友T的大頭照，不祥的預感襲來。十天前T才來我家借相機和冰鎬。

「可別弄壞我的相機喔。」

還記得道別時，我開玩笑地說著。報紙上刊出千葉大學三名學生遭遇山難的報導，T也在其中。我永遠忘不了那一晚往上野的夜間火車有多麼漫長。

翌日一早，我和幾位朋友一同前往信州，在當地的警察局待命。我接到許多人打來的電話，房間的窗子就這樣敞開著，夏日的草海隨風起伏，彷彿就要滲入眼中。那麼危急的時刻，另一個自己卻呆望著窗外的風景。即便多年過去，我依舊忘不了那片夏日的草海。不知什麼原因，當時我終於確信，T已經不在人世了。

在山難現場見到了T的母親。從小受她照顧，我感覺她就像自己的母親一樣。

看著不成人形的T，她連一滴眼淚也沒讓我們看見。不只如此，臉上還露出慈祥的微笑，一再反過來安慰我說「希望你代替他好好活下去」。T的遺體和冰鎬都破損嚴重，奇怪的是只有相機毫髮無傷。

回想起來，那場意外為我的青春畫下了句點。後來我一直想從T的死，找到一個確切的結論，找不到之前無法再走下去。一年過去，某天我突然找到了答案。其實不值一提，就是湧現一股強烈的感覺：「就去做自己喜歡的事吧！」兜兜轉轉之間，T的死卻賦予我活在當下的真實感。一回神，耳邊便傳來了T的母親在遇難現場勸慰我的話。

這時，十九歲時遠赴阿拉斯加的記憶快速膨脹起來——無論如何我必須再去一次。毫無理由，只是想走進那樣的自然裡。

回到大學校園，眼前已不再是自己所屬的世界。抱著網球拍談天說笑的學生，站在看板前慷慨激昂演講的學生……過去看慣的景象成了另一個世界。我不知道將來會變得怎麼樣，只知道現在我必須離開。

選擇攝影這份工作，再次越洋前往阿拉斯加，一轉眼就過了十三年，如今即將在這片大陸落地生根。自T死後，我一直在奔跑。

回日本時，我總會去向T的母親問安。他的房間始終保持原狀，一走進去就像回到遙遠的過去。鬢角已花白的母親仍像過去一樣對我噓寒問暖，我好似回到國中時的自己。但是我們幾乎沒聊過T。

那天，來到展場的T母看起來年輕了些，我們坐在會場的椅子上，久違地聊著天，她突然像洪水潰堤般說起T的回憶。在寬敞的會場中，形成了一個只包覆著我倆的小小空間。

「你去阿拉斯加之後，我常覺得那孩子也一起去旅行了……」

T就算沒死，我可能也會去阿拉斯加吧。但是，會懷抱那麼強烈的意志渴望待下來嗎？不只是我，T的死也大幅改變了他幾個親近的人的人生。無可比擬的人之死，往往會賦予留在世上的人力量。

凝視著T的母親，想到我從來沒看過她流淚。我隱約看見了母親痛失愛子的那股深沉的悲哀，而這份情感不是一般人可以揣度的。

「最近，我開始打桌球。」

T的母親年近七十，眼神中流露出少女般的光芒。我回想起她曾經給我看她讀書時期穿著一身登山服的老照片。不知為何，那張褪了色的照片和打桌球的她融為一體。

長年臥床的T的祖母去年過世。看來她為了照顧長輩，很長一段歲月都不曾離開家。也許她漸漸從各種重擔之下解脫了。

「阿姨，找一天我們來打一場桌球吧。」我說。她開心地點點頭。

我真的盼望，有一天能和T的母親打一場桌球。

海流

走上富蘭克林坡，在第二條街左轉，是一家名叫「觀測臺」（Observatory）的舊書店（也可解釋為瞭望臺吧）。

這個城市的坡道真的很多，陡峭的海岸山脈就聳立在身後不遠，眼前是峽灣的海。十九世紀末淘金熱年代，這一帶山谷發現了黃金，人們像是趴在僅有的山坡面上建立了這座城。至今依然沒有對外聯絡的管道，飛機和船是唯一的交通途徑。如此與世隔絕的小城，是阿拉斯加的首府朱諾。

然而，就算遍尋全美國，恐怕也找不到這麼美的首府。從空中鳥瞰，覆蓋其上的山岳地帶廣布著雄偉的冰原，其中一條冰河彷彿就要進逼城區。還有，原生森林填滿了矮丘和山腳周邊，海上的潮溼大氣碰觸到海岸山脈，一年四千公釐的降雨量，造就了這片森林和冰河世界。運送這道潮溼大氣的海流，就是千里迢迢從日本經過阿留申、到達南阿拉斯加，最後在北太平洋畫了條弧線的黑潮。

險峻的山巒、廣大的冰河地帶和深邃森林隔絕了這個世界，昔日建立圖騰柱文化的特林吉特族、海達族等印第安人，究竟是從哪裡過來的呢？他們與北極海沿岸的愛斯基摩人、內陸地區的阿薩巴斯卡印第安人沒有往來，在阿拉斯加原住民中居於特異的位置。他們的存在充滿了謎團。

觀測臺書店的門敞開著，老狗一如往昔睡在門口，擋住了通道。牠耳朵重聽得厲害，客人進來時不但不會走開，連汽車鳴喇叭也當成耳邊風。有一次迪伊說：「所以我不敢讓這條狗離開視線。」迪伊是舊書店裡的老奶奶，也是這家店的老闆娘。

「哈嘍，迪伊！」

「哦，好久不見……對了，你上次來找的古老圖騰柱的書，還沒有找到呢。畢竟是老古董了，很難找。」

「哎，沒關係，我只是進來隨便看看。」

每次到朱諾，我一定會繞到富蘭克林坡的這家舊書店，可能是因為改不掉逛舊書店的習慣，每每自然而然就會走到這裡來。求學時代起，神田的舊書店街就是我的地盤，再加上母親的娘家也在早稻田的舊書店街裡。移居阿拉斯加後，我熱愛四處閒逛，尋找有關這塊土地的舊書。

百餘年前愛斯基摩村的旅行札記、未開發時代的布魯克斯山脈探險記、淘金熱時期的褪色攝影集，還有無數以阿拉斯加為標題的舊書……每一本都能聽到過去生長在這片土地上人們的聲音。

自然而然走進富蘭克林坡的舊書店，並不只是為了找書，也為了這家店的老闆娘迪伊。我沒想到世上居然有人對舊書店的工作如此甘之如飴。有一次我當面對她說：

「迪伊，妳真的忙得很開心呢。」

「是呀，我喜歡阿拉斯加的歷史。其中一八六七年美國從俄羅斯手上買下土地之前的時代也很有趣！」

事實上，她對阿拉斯加的歷史如數家珍，隨口就能說出一連串年號和人名，簡直就是一本活百科全書。由衷佩服的我曾經探問原因，她莫名害羞地回答：

「這世上所有重要的事我都忘光了，可一說到阿拉斯加的歷史，我就連芝麻小事都記得一清二楚。」

這位老太太的有趣之處在於，她說話的方式就像在哪個場合授課一樣，一打開話匣子就停不下來。要是你剛好有急事，卻不小心忘了打斷她，就會失去脫身的契機。此外，她一舉手一投足間都帶著喜感，光是看著她，就好像在回顧美國的懷舊喜劇電影，忍不住便會咯咯笑起來。

我在觀測臺書店買書，她一定會幫我打九折。迪伊有四個女兒，只要客人的職業和女兒相同，她就會幫他打九折。由於她其中一個女兒在報社任職，我便是基於稍稍放寬了新聞記者的定義，勉強得到了這個恩惠。附帶一提，能獲得這項折扣的職業還有菜鳥律師、演員和舞者。

「有好玩的地圖，要不要看看？」

迪伊最拿手的領域是地圖，而且這些地圖一如古籍，是尚未明瞭世界全貌的時代產物。觀測臺不只收舊書，也收藏大量的古地圖。任何人都擁有夢想，而年老的迪伊把夢想放在地圖裡。

「地圖歷史的有趣之處，說來說去還是對人的興趣。因為它訴說的是人類如何一步步掌握世界。」

她拿出一張地圖在桌上展開，然後覆上一片透明塑膠板以免刮傷。這張是十七世紀北太平洋的地圖，日本和阿拉斯加都在其中。當然，畫得並不正確，與其說是地圖，更像是尋常圖畫，僅大略畫出大陸和島嶼的位置。仔細一看，上頭的文字是法語，看來是歐洲製作的地圖。

「距今三百多年前，有任何日本人航行到北太平洋嗎？當時製作地圖的技術如何？」

「呃，我不清楚。但我想應該沒有這種人。況且那時也不具備繪製地圖的技術。」

迪伊對我的回答似乎很滿意，接著略帶得意地說起這份地圖之謎。

「這張地圖啊，是十七世紀歐洲人到日本時，天皇展示給他們看的複製品。也就是說，原版地圖留在十七世紀的日本，而歐洲人將複製圖帶回自己的國家重新製作。不可思議的是，日本人從未在北太平洋上航行，也不具備製作地圖的技術，怎麼會有這份地圖……」

她娓娓說起地圖的故事時，總愛這樣開場。於是不知不覺間，我被古地圖的魅力所深深吸引。撐起觀測臺舊書店不只是藏書，還有這位老太太的博聞強記。

我將書架上的舊書瀏覽過一遍後，便在迪伊桌前的椅子坐下來殺時間。有餘裕的時候，我喜歡靜靜聽她說故事。儘管話題雜亂無章，卻仍拜倒在迪伊對阿拉斯加歷史的廣博。

驀地我想起一個放在心底許久的問題，想問個明白。但或許連她也不知道答案。自從聽朋友說了一個浪漫的故事之後，記憶的線就將我拉回孩提時代。

我想問迪伊的是：幽靈船。十八至十九世紀，以捕鯨船為代表的各種船隻在白令海與北極海之間航行。其間遇難的船隻不計其數，也有船遭冰山夾擊而沉沒。隨著冬季接近，海水與冰相互撞擊力道變大，不久後冰原便將海洋封住。當時有些船會被推擠到冰上，搬運到沒有盡頭的北極洋流，至今仍在海上航行。

每十年、也可能二十年，這些幽靈船會通過愛斯基摩村所在的北極海沿岸外海。村人們聚集在海邊，目送著不可思議的船隻行經。父母親總是告誡孩子「絕對不可以接近那條船」……

某日，朋友從愛斯基摩的耆老口中聽到了這個故事，可是真有這種事嗎？此時我突然很想問問迪伊。

「哦，那艘船的名字叫做貝查摩。我記得是十九世紀的捕鯨船。約莫是七、八十年前，店裡的古收藏裡應該有那艘船出現在諾姆外海的照片。我去找找。」

迪伊走進店後方的房間，不久便抱著四、五本相簿出來。

「這是當年住在諾姆村的白人拍的照片，大部分是愛斯基摩人的生活剪影。但我記得裡頭也有貝查摩的照片。像記事本那麼小的照片，拍到了在外海被冰雪覆蓋的幽靈船。」

我懷著無法置信的思緒，與她一起翻著老相簿。七、八十年前阿拉斯加的相簿裡，不論是誰的照片、或拍到了什麼樣的事物，都彌足珍貴；而且還是生活在愛斯基摩世界的攝影師作品，更加難得。她長年收集生活在阿拉斯加的人們的相簿，當作自己的收藏。

我急切地翻著相簿，突然間，目光停留在一張照片上。是一對與小型飛機合影的夫妻，我對那男人的臉有印象。

「那是林白。他結束了橫越大西洋的行程，成為世界名人之後，便與妻子兩人飛來阿拉斯加。就是那時的留影。」

我從來不知道林白來過阿拉斯加。尋常的老相簿裡居然藏著這麼珍貴的照片。

但還是沒發現幽靈船照片。於是我們分頭，繼續查看相簿裡每張照片。

「那張照片只拍到外海有艘船，並不起眼。要是不仔細瞧就會漏掉。只是連船身也被冰雪覆蓋……」

每當有客人光顧書店就得中斷作業。我們把這本相簿來回翻了好幾次，花了快一小時。迪伊說，可能夾在別的相簿裡，又從後面的房間搬出一大疊相簿。但我有點睏了，便在長椅上躺下。

觀測臺書店的正中央，擺放著一張年代久遠仍相當舒適的沙發，四周環繞著書架，予人置身自家客廳的溫暖感受。即使不買書，也可以坐在這張長沙發上閱讀。迪伊反而更喜歡這種客人。

陳舊的沙發、隨處堆疊的舊書、躺在地板上的老狗……這家書店的好處也許就是這種混亂無序的氛圍。

不知怎地，我的大腦變得昏沉，坐在沙發上愣愣思索著貝查摩。船身結滿冰，杳無人跡、至今仍在航行的無數艘幽靈船，還有搬運它們的北極海流……閉上眼睛，夢一般的光景似乎浮現眼前。

原來貝查摩是十九世紀破損的捕鯨船啊。我想起了那時代的另一個故事。一八三九年，一艘美國捕鯨船在北太平洋航行時，遇上了另一艘在海面漂流的船，那船造形怪異，眾人從未見過。靠近一看，赫然發現船上有七人奄奄一息地趴伏在甲板。那是一艘江戶時代的帆船長者丸，因遇到暴風雨而隨著黑潮移動。

長者丸在天保九年（一八三八）四月二十九日自富山出港。當時，在江戶幕府的管轄下，許多運載各種物資的船在日本的海岸線出入往來。長者丸的船長是平四郎（五十歲），手下九名船員分別是八左衛門（五十歲）、八左衛門（同名，四七歲）、善上門（四二歲）、田三郎（四〇歲）、六三郎（三一歲）、次郎吉（二六歲）、五三郎（二五歲）、七左衛門（二三歲）、金藏（一八歲）。

五月底，長者丸順利抵達大阪，接著載滿棉布和砂糖駛往越後，八月中旬來到蝦夷的松前。在松前待了一個月等候下次船期時，負責掌舵的八左衛門表示想下船，因為他對途經津輕海峽到江戶的航行有一股不祥的預感。於是改由慣於航行險惡東海的金六掌舵。

九月底，長者丸從函館載了大量昆布，一路往仙台航行。途中為了修船在田野濱停靠兩週，陸續請佛僧和神道的巫女上船，為航海平安祈福。但最後上船的巫女說了奇怪的話。巫女聲稱自己看到了十一月二十三日至二十四日間，災難降臨船上的景象。信佛的船員們並不相信巫女的預言，僅一笑置之。

抵達仙台後，因海相太差，長者丸再次停泊兩星期。直到十一月二十三日，天氣終於放晴，上午八點船隻出港。十點多正要駛出灣口時，海上颳起紅風[3]，船被強風一路吹到外海。一旦颳起這種風，海面會呈現紅色，傳說紅風會讓船再也回不到沿岸，是不吉利的風。船員們使盡全力重新揚起帆時，支撐船帆的纜繩忽然斷裂，長者丸瞬間失去控制，緩緩朝外洋漂去。到了二十五日中午，最後的陸地——金華山也消失在水平線上。

船究竟會往哪裡漂？長者丸上的船員也不知道。但是他們明白自己再

3 譯注：指紅色的沙塵暴。

也回不了故鄉。失去希望的船員們只能努力穩住船，盡可能往陸地漂去。海洋的盡頭有另一個國家嗎？自己到底還能活多久呢？這群人把命運託付給海流。

來到十二月，氣溫驟降，飄起了雪。儲存的米和水早已見底，船員都瘦成了皮包骨。儘管每天向佛祖祈求，船卻還是漫無目的繼續漂流。

不久就是新年了，五三郎、善上門相繼死去，掌舵的金六跳海。剩下七人靠著海帶和雨水充飢，聽天由命等死。

一八三九年四月某個清晨，水平線上浮現一道類似山的輪廓，雖然大夥已經無法動彈，卻還是看得到一艘巨大的船逐漸靠近。儘管從未見過這種異國船隻，但是對他們來說，口渴比恐懼更加實際。他們心想，就算會被殺掉，也想喝飽了水之後再死。

只見奇裝異服的外國人將大船貼著長者丸繞了幾圈，然後派出小船駛向長者丸。船員們連站都站不起來，只能盯著外國人上船。江戶時代與世界就這樣在靜默中第一次接觸。

那是美國的捕鯨船詹姆斯·羅帕號。七個日本人換上收在艙裡的上等和服，在外國人的扶持下登上母船，結束了長達四個月的漂流。

七名船員從鎖國的江戶時代漂流到海外，而後轉乘外國的船，輾轉經過夏威夷、堪察加，然後抵達阿拉斯加的錫特卡。錫特卡是當時俄國領土阿拉斯加的首都。

不久，在俄國皇帝的命令下，決定將七名漂流者送回日本。一八四三年三月，俄國船從錫特卡出發，前往擇捉島。經過兩個月航行，七人回到了四年不見的日本。

按當時江戶幕府規定，踏上異國土地再回國乃為犯罪。七人才抵達江戶就立刻遭到監禁，長年累月接受各種調查。然而日本鎖國多年，這批漂流者眼中的異國世界，對許多幕府學者的求知欲會造成多大的刺激呢。於是又過了三年，他們才踏上故鄉的土地。

這段見聞錄中，最值得一提的是年輕的次郎吉。次郎吉藉由敏銳的感受，將所有體驗鉅細靡遺地記憶下來，還同時擁有將它畫出來的才華。他筆下的錫特卡風景、印第安人的神態栩栩如生，不禁讓人遙想當時的阿拉斯加。

但是，長者丸的奇幻漂流中最吸引我的，既不是次郎吉，也不是這段故事見聞，而是讓長者丸漂離日本、搬送到北太平洋的黑潮。

自太古時代，繞行北太平洋的海流循環打轉，彷彿在尋找一個出口。從日本東部外海北上，一部分穿過白令海，主流則形成黑潮，沿著南阿拉斯加前進，形成弧線般南下不列顛．哥倫比亞後，朝東邊夏威夷方向行進的海潮漸漸失去方向。繼而往赤道南下的主流又轉往關島、臺灣，不久後北上再次經過日本東部外海。

自古以來，有多少船隻失去了船舵和船帆，在這道強大海流的推送下消聲匿跡呢？它們幾乎全數消失在海底的藻屑之中；應該也有人幸運生還，漂流到堪察加、阿留申或南阿拉斯加的海岸線；但大多數也被原住民殺害了吧。

在長者丸漂流的一八三九年以前，官方留下了日本部分遇難船漂流到阿拉斯加的紀錄。

一七八二　阿留申
一八〇五　錫特卡
一八一三　北緯四九度　西經一三一度的海上
一八一五　北緯三二度　西經一六六度的海上
一八二〇　亞當角
一八三三　弗拉特里角（Cape Flattery）
一八六二　阿圖島
一八七一　埃達克島

漂流者當中，應該也有人來到阿拉斯加的海岸線，而且並未被原住民殺害，幸運存活下來。他們接受了再也見不到故鄉的命運，在陌生的土地上，與當地居民共同生活。倘若真是如此，他們就為當地的文化注入了新的血脈。不過，這些漂流民的歷史究竟可以上溯到什麼時代呢？

過去，特林吉特族的朋友不自覺透露的一句話，讓我難以忘懷。

「族人之中可能混了日本人的血。有些口述傳承給我這樣的感覺。」

東南阿拉斯加到不列顛．哥倫比亞，以前是建立圖騰柱文化的海洋印第安、特林吉特族、海達族……有史以來，可能未曾有過印第安族得以享受如此豐饒的大自然。我不禁想，他們恐怕從未經歷過飢餓的歷史吧。

到了海上，遍目皆是鮭魚、大比目魚、鯡魚、海豹和海獅等海洋生物；走進森林，可以追鹿、採集各種果實。而暖流向他們保證一整年都是穩定的海洋性氣候。

但是，這些海洋印第安族的根源在內陸，從某個時期開始，為了追求更富庶的自然環境，翻越艱險的科斯特山脈谷地，沿河而下，漸漸遷徙到現今的海岸地帶。

住民們之所以能創造出圖騰柱、繪畫、編織等具有高度藝術性的文化，想必是因為他們無需擔心飢饉，且生活豐足富饒；也就是說，這群人的生活擁有多餘的閒暇。然而，真的只有這個原因嗎？廣大的冰河和幽謐深林與外界隔離，置身極度孤立的世界裡，難道他們未曾遇過來自海上的異文化外來者嗎？尤其是他們所建立的嚴格戒律，在其他阿拉斯加原住民（愛斯基摩、阿薩巴斯卡印第安人）社會從未見過，究竟是怎麼來的呢？

一位特林吉特族耆老說過這樣的話：

「很久很久以前，人們從海的方向漂流過來，在威爾斯王子島西南的多爾島（Dall island）登陸。大家都稱呼那些人威修尚阿德（似是古老生物之意），據說他們是塔克維德．克蘭的遠古祖先。」

克蘭意指某種族裔。海洋印第安人擁有圖騰柱文化，他們深信祖先的起源是各種動物的化身，並且靠著那個族裔的動物，形成複雜的階級社會。其中以狼和渡鴉為中心。塔克維德是特林吉特印第安的狼族中最古老而重要的族裔。許多耆老相信塔克維德那些來自海上的外國祖先，就是最早住在這條海岸線的人。這表示比起追求海洋資源而從內陸遷徙而來的印第安人，那群異邦人更早踏上這片土地。後來住民融合，又分成特林吉特族和海達族。

照這個說法，那群異邦人是誰呢？而且可追溯到哪個時代？

根據特林吉特的口述傳說，從海上漂流而來的異邦人，是在一對姊妹領導下的兩個族群。妹妹帶的人南下夏洛特王后島，子孫就是現在的海達族；跟隨姊姊的人留在當地，與內陸翻山過來的原住民融合，子孫是現在的特林吉特族。姊姊的直系子孫是塔克維德的族裔。兩姊妹繁衍的兩個種族在祭典和葬禮上相見時，妹妹的子孫海達族一定會把較有力的席位讓給姊姊的子孫特林吉特族。

海洋印第安人擁有亞洲人血統的可能性，因為這道口述傳說多了幾分現實感。它隱晦提示著，何以他們能在這麼短的時間內建立起高度文化。而且所謂亞洲人的血統，說不定正是日本人。早在江戶時代之前，難道沒有另一條更古老的長者丸遭遇黑潮嗎？恐怕不只一、兩次，這道海流說不定將許多艘長者丸推送到未知的世界。

猛然回神，發現自己靠在觀測臺書店的長沙發上，酣睡了快一小時。

迪伊已將成堆的相簿搬來自己桌上，仍專心尋找幽靈船「貝查摩」。

「……奇怪，我記得它就收在某一本相簿裡。雖然照片已經非常舊了，但確實拍到小小的船影，還被冰雪覆蓋。背面則寫著貝查摩。」

「哎，別找了。哪天發現了再通知我吧，我一定會來看這道海流。」

我從書架上抽出一本一直很有興趣的渡鴉神話書。

「哦，我看看，你是拍照的人，也就是新聞記者，所以打九折。」

走出門外，下起了霧般的雨。步下富蘭克林坡，我木然思索著幽靈船。過去從未留意的事物驀地綻放光芒，那是從阿拉斯加海岸線的居民口中多次聽來的海邊拾荒故事。

結束一天的工作，夕陽西下，人們喜歡到海岸散步，尋找打到岸上來的漂流物。他們尋找的並不是單純的垃圾，而是從遙遠世界順流而來的奇異漂流物。尤其是暴風雨過後的海邊拾荒特別有趣。令人驚訝的是，絕大多數的漂流物都是從日本來的。其中日本漁夫用的大型玻璃浮球最是珍貴，過去可有多少人得意地展示這種玻璃浮球呢！但我僅不感興趣地瞥了幾眼，卻不知這裡頭或許也隱藏著壯闊的故事。

雨變大了，濃霧如生物般在森林樹木間逡巡，山上的冰河也許會變成雪。我站在濡溼身體的雨中，感受從遠方異邦源源不斷漂送而來的溫暖海流氣息。

第三部

白夜

「唐，走吧。這麼好的夜色沒理由放過。」

「好吧。反正多想也無濟於事。」

好友叢林飛行員唐．羅斯露出無奈的表情點點頭。唐的性格一如往昔，總是用微笑面對最糟的狀況。

我們在流經北極圈布魯克斯山脈的空卡庫特河上游，倘若沿著河下行，可以一路走到北極海。

河岸的營帳旁停著唐的好夥伴——塞斯納175。基地營的風景很像一幅畫，除了塞斯納螺旋槳彎折之外……

起飛失敗了。重量過於前傾，發動的剎那，機首一頭栽進了凍原。在沒有跑道的阿拉斯加荒野上飛行，起飛或著陸一向得冒風險。從空中鳥瞰看似平坦的凍原，迫到近處才發現實際上凹凸不平，降落總是全身緊繃，直到機身完全靜止。一處小凹洞、一顆小石頭都可能致命。的確是旦夕之間的險境。

唐拿著鐵鎚，時而與我對看兩眼，然後放手朝螺旋槳咚咚咚敲下去。但是，已經無法飛了。偏偏我們在阿拉斯加最北的山裡，距離最近的阿薩巴斯卡印第安村還有一百公里遠，而且得越過布魯克斯山脈。好不容易通過SOS傳遞求救信號，但是得花上一星期才能從費爾班克斯送來新的螺旋槳。

引擎應該沒有故障吧？這下子到底要花多少錢？

然而，天氣依舊與我們的困境唱反調，多日以來的濃霧消散，是個晴朗的美麗夜晚。我們猶豫片刻，不知該鑽進睡袋睡覺，還是趁著夜色爬上山去。現在是白夜的季節，太陽不會沉沒，維持著斜射的光線。

我們在輕背包裡裝入乾糧和咖啡，決定將所有的憂慮留在基地營，去登夜山。

我們倆在布魯克斯山脈東部巡迴，尋找在北極圈遷移的大馴鹿群。記錄馴鹿的旅行，對我來說是在阿拉斯加的一大主題。我期望看見真正的野生、自然原始的生態。從前布滿美國平原的水牛已不見蹤影，人類只能靠邊站的上古時代景色都已成傳說。結果自不待言，畢竟連近代都已遠去，即將迎接的是科幻小說般的二十一世紀……可令人難以置信的是，遙遠的極北世界留下一片遠古的景色，那就是白紗籠罩下，徘徊在北極圈荒野的大馴鹿群。

我猶如走入時間隧道般追逐著遷徙的馴鹿，而這十年來，唐一直是我最好的搭檔。他不只是足以信賴的飛行員，更重要的也許是他和我在看待阿拉斯加大自然上有著一致的目光。

從唐如今波希米亞式的放浪生活，難以想像他過去曾經是美國空軍的優秀飛行員。為什麼願意放棄那樣的地位，成為阿拉斯加原野上一介叢林飛行師？我不太清楚原因。每到冬天，他還會運送物資到非洲難民營，實現他以前的夢想。

我喜歡唐，他有著告別一段人生的人所特有的溫柔。我們真的並肩看過很多風景。

記得是在五年前，沿著北極海海岸飛行時，遇到了幾乎要覆蓋整片凍原的馴鹿群。數十萬頭馴鹿聚集在杳無人跡的原野上，這個景象教我們看得目瞪口呆。

「我們所看到的，與一千年、甚至一萬年前的世界並無不同。」

耳機裡傳來鄰座的唐一面操縱飛機，一面從麥克風傳出的喃喃自語。

白夜的凍原上，一頭孤狼氣喘吁吁地追著馴鹿群。這也是亙古不變的風景。不為人類、不為任何人，大自然只為自己存在而呼吸的動靜，總是令人心折。

步行了一會兒，必須找地方渡過眼前的空卡庫克河。唐寡言不語，可能還在想螺旋槳的事。在極北渡河永遠伴隨著危險，即使水不深，但冰的低溫十分可怕。只要一走入水中，就無法停下腳步或是折返，而箍緊般的疼痛會讓人在急流中失去平衡。

過了河，攀登高山凍原的坡面時，四處可見一簇簇小花叢，隱約傳來岩雷鳥震動喉頭的叫聲。白夜時山谷裡看不見的低垂太陽，隨著攀爬的高度漸漸露臉。我們徜徉在柔和的光線中。

我們在花叢坐下，小憩一番。也許是飛行一整天的疲倦，唐躺下來閉目養神。微風搖曳著極北的小花，已做好窩的太平洋金斑鴴在花叢中來回踏步。七月還沒過，但牠似乎已在做南遷的準備。

「喂，道夫，你說一百年之後，這裡會變成什麼樣子呢？」唐突然開口。

這時我察覺到，他也正抱著同樣的心思凝視阿拉斯加的大自然。

再往上走，眼前驀然開闊成圈谷狀，長滿整片白毛羊鬍子草。白毛沐浴在白夜的光線下變成金色，好似無數寶石熠熠生輝。怔怔地掃視四周，依序出現在遠方山頭旁的黑點不就是馴鹿嗎？稜線上的黑點慢慢形成一道粗線，不久後蔓延成一條黑帶填滿了整個山坡，筆直朝我們的方向走來。

我們趕緊跑開，鑽進白毛羊鬍子草中趴下。一面大口吐著白氣，一面卸下肩上的背包，直接在夏草上躺平。夏日的凍原散發出泥土的芳香味，清朗的白夜、深遂的藍天無窮無盡。倘若此刻腦中靜默無聲，安靜不動，彷彿馴鹿群就將從我們頭上悄無聲息地通行。

先前起飛的失敗對獨立作業的唐而言，也許一時在生計上會帶來沉重的負擔。但若方才順利起飛，我們現在就不會在這裡了。

「是上天的贈禮吧……」唐喃喃說著。

四周漸漸嘈雜起來。不久後，我們就在閃著金光的白毛羊鬍子草中，被數千頭馴鹿包圍。

早春

柔軟的四月風緩緩解開了肅殺的冬日大氣，以及人們耐著寒冷季節的心情。太陽的拂煦和春日的氣息，哪怕只有一瞬間，為什麼總能讓人們感受到幸福呢？

稍微放鬆了陷進肩膀的背包，早春的風拂過汗水淋漓的身體舒服極了。摘下墨鏡，環視四周喘口氣，雪面的反射很刺眼。

「約翰，今年的積雪相當深啊。」

「是啊，希望能在天黑之前找到……」

約翰滑動腳下的雪鞋（阿拉斯加的大雪靴）把雪夯實，然後站定，按下掛在脖子上的計數器開關，盡可能舉高天線。嗶、嗶、嗶……天線每繞一圈，聲音強度就會變化。看來肯定就在這個山谷。

我們在費爾班克斯郊外的山裡。儘管已積得很深的雪一踩就陷入，但要不是雪鞋，積雪可是會滿到胸口的。在天線訊號聲的引導下，我們在魚麟雲杉和白樺樹林間來回穿梭。

我們是阿拉斯加野生生物局的五個勇士，由約翰領隊，在夏天捉捕的美州黑熊脖子上安裝探測器，調查牠們的行動範圍。可是，到了冬季電池就會耗盡，所以必須在沒電之前更換探測器。簡單來說，我們正在早春的山裡，尋找冬眠的黑熊巢穴。

三天前，裝了天線的小型飛機在費爾班克斯郊外山區來回飛行，大致鎖定地點。話雖如此，山谷遼闊，不到最後仍無法確定能否從地面找出那個位置。況且幾十年一遇的大雪，讓我們的調查愈發困難。

這個時期，黑熊並沒有真正進入冬眠。牠們不像北極地松鼠那樣會降低新陳代謝，進入假死狀態，而只是昏昏沉沉地躺著。一旦危險靠近，就會立刻清醒；而且，懷孕的熊還會在冬季巢穴裡生產。因此，牠們雖靠著貯存的脂肪過冬，但究竟是什麼樣的自然法則，讓牠們得以半年不進食仍維持生存呢？

在阿拉斯加的大自然闖蕩，即便沒有正面遇到，卻也總是隨時意識到熊的存在。以現今的眼光來看，這是何等奢侈的事。也因為熊的存在，喚起了人類身為生物內心應有的緊張感。倘若這塊土地上不再有熊，野營的夜晚大夥四平八穩睡著大覺，這樣的大自然該有多無趣啊。四月的阿拉斯加，雖不見熊的蹤影，卻也即將可以從積雪的下方感受到熊的動靜。

儘管已是早春時節，但日照時間並不長，黃昏時分將至。從早上開始已經徒步了六個多小時，我們都心浮氣躁了起來。

約莫剛過四點，突然間，響起不曾出現過的強大訊號聲。

「喂，就在附近！」

大家急忙壓低聲音。看來就在半徑十公尺內的雪地下方。我將背包靠在白樺樹幹，脫下雪鞋跨出一步，說時遲那時快，整個人倏地陷進雪裡直到腰際，春天的粗雪滲入了身體。

換作是往年，只要凝神搜尋雪面，就會發現小小的呼吸孔。但是今年積雪太深了。每個人都繃緊神經，四下搜尋可能的跡象。因為很可能在不知不覺間，我們就站在睡覺的熊上方。

已經沒有時間了。大家分別拿起鏟子在周圍的雪地開挖。明明近在咫尺，卻怎麼樣也找不到。過了約一個鐘頭吧，魚鱗雲杉樹幹旁雪下兩公尺，突然露出小小的雪洞。我們將交談聲壓得更低。

「史蒂夫，往裡面看看！」

可憐的史蒂夫，每次都負責這個任務。我們吞了一口唾沫從上方守護。就在史蒂夫按下手電筒開關，將臉湊到洞口時，又迅即後仰且倒退好幾步。

「怎麼了！」

熊頭似乎就在他眼前，而且還先朝他臉上噴了一大口氣。

當下即刻展開作業。先在竿子尖端固定好麻醉針，接著換約翰進入雪洞。熊好像躲進巢穴深處了。約翰拿著竿子快速插進洞中，確認麻醉針的觸感後，再臨機應變，拿睡袋將洞口堵住，防止黑熊發怒前衝。這手法多麼原始。

過了五分鐘。

「道夫，你去看看裡面。」

於是我探頭進去，戰戰兢兢地照亮整個洞穴。只見巢穴底部整齊鋪著小樹枝，後面一團石頭般的漆黑物體正蹲踞著。原來牠在這麼小的空間住了半年，就是要靜靜等待春天啊。

史蒂夫的上半身探入洞裡，試圖把熊拖到洞口，可是不慎卡在樹根上，連他自己的身體都出不來，兩隻腳在空中晃啊晃的。我們忍不住大笑，史蒂夫卻仍一臉嚴肅，可能因為眼前就是一顆麻醉生效的熊頭吧。於是全體一起拉住他的腳，這才將沾滿白雪的史蒂芬拉出來。

這頭熊約三歲大，看來是與母親分離後第一次過冬。被拖到雪地上的熊輕聲地打鼾，睡得正香。距離清醒時間只剩三十分鐘，更換探測器作業按部就班進行。

我在熊的身旁坐下，顫巍巍地撫摸牠的體毛，確認每一根毛的觸感。出乎人類的想像，牠那乾淨得彷彿悉心打理過的身體，令人感受到野生動物的馨香。

我將手掌湊近牠的口，微弱的氣息間透著暖意。我再將食指輕輕放進熊的口中，讓熊的體溫包圍指尖。我把臉埋進牠的肚子，一股清香和熱氣迎面擴散。我深吸一口氣，試圖讓遠古的野生氣味留在記憶中。

約翰抽了一點血作為研究用，六個人一同抬起熊量體重，好不容易完成作業，時間已所剩無幾，熊的呼吸變得凌亂，麻醉正在消退，牠快要清醒了。

把熊的身體拖回巢穴也是項大工程。我們必須不著痕跡地讓熊回到冬眠時的狀態。三百多公斤的巨大身軀，在全員出動下躺回原本的位置，洞口以枯木遮蔽後，再仔細覆蓋上雪，近兩公尺深的雪洞也完全填平。

我遙望遠方的稜線，有戶人家如黑點般孤立在那兒。那樣的地方居然也有人住。我想去告訴他：從你家窗口看出去的一棵白樺樹下，有隻熊在冬眠。……牠就快感受到春日的氣息，也許還會從雪面下探出頭來喔……

趁著夕陽下山，我再次回首巢穴的位置。那一帶僅剩一棵孤木和皚皚白雪，和周遭的環境已無任何區別。

剛才那頭年滿三歲、靜靜蹲踞等待春天的黑熊，已經刻在我的記憶中。比起夏季漫步荒野的時候，洞裡的牠有著更強韌的生命力。跌跌撞撞地走在雪道上，我充滿了幸福感，忍不住想要吶喊。

春天的腳步漸漸走近阿拉斯加。

露絲冰河

夜晚的冰河充斥著凍結的靜謐。

突然傳來雪崩聲，不知是哪裡的冰壁崩裂了。不久，波浪般的低語聲停歇，碎石在岩壁彈跳的聲響也消失在陰影中。

無數的星星在天上閃爍，宇宙的沉默籠罩了天地。為什麼獵戶座在阿拉斯加看起來這麼大？左上方是參宿四，右下方是參宿七。北斗七星的杓子延伸五倍的位置是北極星……那是兒時反芻般記得的星空世界。然而，據說經過一萬數千年之後，北極星的位置會由其他星星取代。所有生命都朝著無窮的彼方永遠旅行著。

彷彿伸手可及的天上星輝，據說是數萬年前、數億年前發出的光，此刻才航抵地球。倘若無數的星星有著各自不同的光年，那麼仰望夜空注視星星，表示我們也在一瞬間望見了悠遠的宇宙歷史。可說起來簡單，仍難以理解真正的意義，我們也只能頂禮膜拜。

凝目注視北方天空時，忽然間，一條銀白色的光帶出現，沒多久便不穩定地搖晃起來。懷著祈禱之心期盼已久的我，立刻呼喚待在山屋裡的孩子們。

這裡是阿拉斯加山脈往南延伸的露絲冰河源流，天黑前籠罩在夕照中的麥金利山成了一道黑色剪影，沉落到包圍四周的高山連峰中。大自然以雪冰和岩石打造出巨大的圓形劇場……月光將懸垂在岩壁的冰映照出青光，星象館般的星空迫近眼前，彷彿由此發射出去即可抵達。

每年到了三月，我就會前往露絲冰河拍攝極光。在這裡可以與宇宙對話，是個不可思議的空間。在周圍四千至六千公尺高山的冰河上度過夜晚，極光就像生物般，在漆黑的空中舞動冰火。這是一種待在偉大的自然劇場，只有我一名觀眾欣賞宇宙影片的神奇體驗。我一直很想與人們共享這個片刻。要是感受敏銳的孩子看到這般景象，不知會留下多麼深刻的記憶。即使極光沒出現也無妨，我希望他們能夜宿於冰河之上，在這深遠而巨大的空間裡，凝視墜落般的星星。

這裡有一座無人石屋。已故的阿拉斯加傳奇山岳飛行員唐．謝爾敦因生前鍾愛露絲冰河景致，在冰原的小岩山上興建了這座石屋。冰河上潛藏各式各樣的危險，裂口幽深的冰隙、雪崩……只有這座石屋周邊是塊小小的安全地帶。一旦在雪中搭帳篷露營發生意外，便可以逃進石屋裡。每年，我都會帶日本的孩子們來露絲冰河，便和唐．謝爾頓的遺孀商量，讓我使用這座石屋。

去年春天，我與求學時期的好友領軍，帶小學到高中共十一名孩子來到露絲冰河。搭乘小型塞斯納飛機，瞄準兩側皆為陡峭岩壁與冰壁的冰河，在深邃的新雪上降落。在廣闊的冰河上放下孩子們，他們初時雖慌張失措，卻也很快就融入景致之中。

「都是些令人頭痛的小孩，請你多關照。」

木工好友的女兒，目前讀高中的小I正在跟第一次穿的滑雪板奮鬥，弄得滿身都是雪。聽她父親說，她還處在無止盡的叛逆期中。

曾是孩子王的K立刻與剛熟悉起來的同世代小學生擺出架勢，在冰河上嬉鬧著展開相撲大賽。我略感擔憂，這些小毛頭到底懂不懂自己正身處在多麼偉大的風景中呢？算了，隨孩子去吧。

一臉聰明相的國中生T無視喧鬧的孩子們，在一旁獨處。既然能進入升學班，T肯定是從嚴苛的考試戰爭中脫穎而出的吧？我不禁擔心他能否放鬆地享受這趟旅程。

冬日露營生活就從煮開水、融化雪塊做起，飲水、炊事、洗餐具……大夥必須有效率地使用珍貴的水。

「不好意思，我的盤子有點髒。」

曾說出這句話的孩子不知不覺已不在意髒汙，搶著吃咖哩飯。

儘管搭了帳篷，帳篷內的氣溫卻與外頭並無二致。大家就這樣在零下二十度中睡了一晚，直到隔天早上真正感受到石屋內柴火爐的可貴。孩子們從包裹在薄膜裡的都市生活，逐漸回歸大自然……在這個一無所有的世界，最重要的就是吃飯、睡覺、盡可能取暖、保住自己的性命。雖僅短短一星期，但試著停駐在單純的事物上，肯定有好處。

而且，今天終於放晴了。

「今晚極光也許會出現喔。」

「咦，你怎麼知道？」

孩子們的臉已曬得黝黑。

「這個嘛，因為我好像聞到了極光的味道。」我胡扯了一個沒頭沒腦的答案，心裡祈禱著夜晚降臨。明天塞斯納就要來接我們下山。

極光開始晃動，緩緩變化的形狀在冰河上空飄舞。孩子們從山屋裡衝出來，仰望著夜空尖叫不止。有的孩子拍起照來、有的孩子全身倒向雪地……高中生小I盯著天空，在雪地上踱起步，似乎不知該怎麼反應。

「是極光呢。真的看到了！來這裡之前我還在想，要待在一個沒有電視的地方一星期該怎麼辦。可是來了之後，根本沒想過要看電視……」

國中生T脫離興高采烈的孩子們，獨自坐在雪地上，目不轉睛地看著那道光。我不由得鬆了一口氣，將他的身影留在心底。只見極光逐漸擴大到全空域，幾顆流星從極光中劃過。

說到孩子王K，他躲在山屋裡一個勁幫火爐添柴薪，不曉得有沒有看到極光。但孩子大腦中的記憶高深莫測，即使不是現在也無妨，即使回到日本，重返匆忙緊繃的日常生活，將露絲冰河的體驗忘得一乾二淨也不要緊。然而，等五年後、十年後，他內心會浮上一股想了解什麼的欲望。因為一種體驗是需要花上少許時間，才能在人的心中熟成、形塑。

露絲冰河是個無機質的高山世界，周遭一切只有石頭、冰河、雪和星星。對於生活在資訊大海的日本孩子而言，那是個全然相反的世界。可儘管空無一物，相對地卻飽含靜默的宇宙氣息。在冰河上體會到夜的寂靜、風的凜冽、星的光輝……資訊稀缺的本身即蘊藏著某種力量。因為它給予人們想像的機會。

兒時看到的風景會長留在心中，有一天他長大成人，站在人生岔路之際，曾經見過的風景肯定比他人的話語，更能給予他勇氣和鼓勵。

下山那天，我們沐浴在早春的陽光中，只見遠方的麥金利山閃耀著皚皚白光。

另一個時間

一天晚上，和朋友聊起這樣的話題。我們在阿拉斯加的冰河上野營，滿天星斗宛如從天而降。我們在等待極光，但似乎沒有出現的跡象，便坐在雪地上欣賞滿天的星星。月亮消失，漆黑的世界裡難以置信的無數星星閃爍不定。有時，流星從中間劃出長長的線墜落。

「要是在東京，每天晚上都能看到這麼多星星該有多棒……深夜，從公司拖著疲憊的身體回家，猛一抬頭，宇宙就在伸手可及之處。在一天的尾聲，不管是什麼樣的人多少都曾如此思索吧？」

「我曾經聽某人提出這樣的問題。他問，假設我們獨自看見了美麗的星空或是教人泫然欲泣的夕陽，當面對心愛的人時，要怎麼把那份美麗和當下心境與對方分享呢？」

「拍照吧。會畫畫的話，也可以直接畫在畫布上給對方看。但還是透過言語描述最好吧？」

「那人是這麼說的。他說自己會改變……看到夕陽深受感動之後，自己也會改變。」

人的一生中，大自然會在各個時期傳遞不一樣的訊息。不論是剛誕生在世上的孩子，或行將就木的老人，大自然會向他們訴說不同的故事。

童年時，在家附近的原野上看完紙影戲後，跑步回家吃晚飯前映入眼中的美麗夕陽，我至今從未忘記。那時的我，對時間、對周遭的世界，究竟懷著什麼樣的感受呢？一天即將結束的傷感，儘管年紀還小，卻也似乎模糊地意識到自己不會永遠活在這世上。這應該是孩子最早發自本能與世界產生交集的方式吧？回想起來，我也經歷過幾次以不同的觀點意識到大自然的事件；而每一個事件都成為我深入探索阿拉斯加之前的分歧點。

第一次的體驗是小學時，在家附近的電影院偶然間看到的一部電影。名字叫做《蒂科與鯊魚》。故事背景設定在南海的大溪地島，島上因為觀光開發而開始改變，主角是一名原住民少年蒂科，他和鯊魚結成好友，之後與來島上旅遊的歐洲少女萌生淡淡戀情。當時我還是個孩子，卻被電影場景中那片一望無際、無比蔚藍的南太平洋所深深吸引。猶記電影院入口處販售的導覽上寫著，這部電影沒有使用好萊塢的道具，是遠赴當地拍攝的第一部大自然電影。原本只愛看武打電影的我，打從這一刻起，驀然看見了世界的廣闊。也許受到太大的衝擊，直到現在我仍記得電影中的少女名叫迪安娜。

不久後，我又深深傾倒於北海道的大自然風光。對當年的我來說，北海道是個遙遠的土地。然而我持續閱讀許多相關書籍，不知從何時起，有件事便讓我牽腸掛肚，那就是棕熊。不論是在大都市東京的電車裡，在人潮中摩肩擦踵時，腦中總會掠過北海道的棕熊身影。我生活在東京的這個瞬間，棕熊也同樣在日本生活、呼吸……確實，就在這一秒鐘，一頭棕熊正在山上跨過倒木勇猛前進……我往往為此驚異不已。仔細想想，這也算不上什麼稀罕事，但是它如此吸引著十來歲的少年。少年心想，大自然以及這個世界是多麼有意思啊。可能是對於世上萬物都公平地經驗著同樣的時間，而感到神奇吧。年紀雖小，卻是頭一次從自身的感覺而非日常知識，去思索著世界的模樣。

幾年前，一位朋友說過同樣的話。她是個在東京過著忙碌生活的編輯。好不容易安排好行程，挪出一星期參加我的鯨魚攝影之旅。對前一天還在東京熬夜加班的她而言，阿拉斯加東南方的夏日大海，就像是翻開新頁般的另一個世界。

一天傍晚，我們遇見一小群座頭鯨，於是坐上小船，緩緩跟在噴著水氣前進的鯨魚身後。座頭鯨離我們近得像是呼氣都能撲到臉上。那是氣勢萬鈞的景象。四周披覆著冰河與原生林，在悠長的時間流中，眼前的大自然調和、生息。她靠著船邊，在舒爽的海風吹拂下，凝目注視著奮力前進的鯨群。

就在這個片刻，突然間，一頭鯨從眼前躍出海面。巨大的身軀彷如飛向天空般拔起，正當以為牠停住的瞬間，又緩緩落下，將海面炸開。那景象猶如電影的慢動作般浩瀚。

不久，海面歸於平靜，鯨群若無其事般緩緩前游。這種行為叫做「躍身擊浪」（breaching），過去我已看過無數次，但是從來沒有這麼近距離看過。人類試圖解釋動物的所有行為，可最終還是不了解鯨魚真正想要向我們傳達什麼。說不定牠只是想感受風的氣息，也可能只是無來由想跳起來罷了。

然而，編輯友人看到這幕景象後，立時啞然無語。我想，讓她受到衝擊的並不是視野中的巨大鯨魚，而是四周大自然的廣袤吧？是鯨魚在大自然中的渺小吧。雖然僅僅那一瞬間，卻是她與鯨魚共享的時間。過了很久之後，她才告訴我：

「東京的工作雖然很忙，但是我很慶幸能踏上這趟旅行。你問我慶幸什麼？就是啊，當我在東京忙得昏頭轉向的時候，我會知道這個時間也許阿拉斯加海上，鯨魚正在飛躍而起。……那時回到東京，我原本思索著該怎麼向別人描述這趟旅行，但是太困難了。最後我什麼也沒說。」

我們每天活在當下的每一瞬間，還有另一個時間也在確實地流動。能不能在平常的生活中，從心的角落時刻意識到這一點，有著天壤之別。

尋找圖騰柱

一萬八千年前，北美洲與歐亞大陸相連的時代，印第安最早的祖先渡過乾涸的北令海，自北亞洲來到阿拉斯加。那是最後一次冰河期即將結束的時候，隨著悠遠的時間長河，他們緩緩南下北美洲大陸擴散開來。其中有人到達阿拉斯加東南海岸，後來建立了圖騰柱文化，他們就是特林吉特族和海達族。

白頭海鵰、渡鴉、鯨魚、灰熊……刻在圖騰柱上的奇妙圖案，都是他們的遠古祖先與傳說的記憶。然而那並不是流傳後世的石刻文化，而是在歲月中消蝕的木刻文化。

即將走入二十一世紀的現代，是否還可能在某座森林中看到沉眠已久的古圖騰柱呢？我很想看看曾經活在神話時代的圖騰柱，不是出於觀光目的而製作的柱子，也不是博物館裡陳列的古物，即使橫倒在森林裡、早已腐朽殆盡也無妨。在阿拉斯加森林裡探險的這幾年，這種念頭始終揮之不去。

任誰聽了都會一笑置之。我曾在阿拉斯加東南部，探詢過參與採伐森林的人。

「你在森林裡看過古圖騰柱嗎？就算腐朽了也沒關係。」

「這種年代哪還會有那種東西？時代不同了，你得早生一百年才行。」

去到現在的印第安村落，還看得到裝飾用的圖騰柱，但是族人的生活已經大不相同。即使看起來形狀依舊，圖騰柱卻不再向人們訴說。因為雕刻圖騰柱的人，心中的故事已經消失不見了。不論是鯨魚、灰熊還是海鵰，早就去到遙遠的彼端。

去年夏天，我聽到了一個難以置信的傳聞。

阿拉斯加與加拿大邊境附近的海上，有個稱為夏洛特皇后島的孤島。據說那裡還保留著古老的圖騰柱。十九世紀末，歐洲人帶進來的天花襲擊了島上的村落，當時村裡六千名海達族人中，高達七成死亡。存活下來的人後來放棄村子，移居別地。

到了二十世紀，強國的博物館熱中蒐集世界各地的歷史藝術品，夏洛特皇后島也沒能倖免，許多圖騰柱都被拔走。所幸剩下的海達族子孫漸漸壯大起來。他們寧可任由神聖的空間腐朽，面對外部保存人類史上珍貴圖騰柱的壓力，頑強地拒絕了。

於是，百年前的海達族村落原封不動地保存下來。

那一天，夏洛特皇后島的海相凶險，小橡皮艇像樹葉般搖晃。由許多小島組成的夏洛特皇后島，每個島的蒼鬱森林都生長到水際線邊，與族人和圖騰柱共存的時代相比，大自然一點也沒有變。陰沉沉的天空，下不完的雨、猶如生物般變幻姿態纏繞著樹林的霧……我們在惡劣的天氣下，讓心情展開時光之旅。

浪花拍打著海岸磯石，岩石間有個我差點漏看的入口。由於水面上密布的海藻可能會纏住馬達，所以我關上引擎，用手划行。穿過仿似大門的突出岩塊，划入峽灣中時，四周驀地悄寂無聲。

幾無立錐之地的海岸後方，沒有蓊鬱茂密的森林，而是立著一排赤裸的大樹。那正是我長久以來心心念念、隨歲月風化的圖騰柱。它將人們的夢想、喜悅、悲傷、憤怒一股腦拋進時間之流中，默默地在海邊佇立至今。耳邊傳來太平洋的怒濤聲。

臨門一划之後，小船順著小浪滑上了砂地，接著下起毛毛雨。我按捺興奮的心情，從沙灘爬上堤岸，朝圖騰柱前進。

許多圖騰柱已然傾倒，好幾支倒在地面，布滿青苔、植物的圖騰柱上，逐漸消失的圖案似乎在訴說著什麼。人類的孩子被熊雙手環抱、青蛙從鯨的魚鰭中探出頭來、刻在最上端的白頭海鵰像在守護著村落……

不久，我來到一支圖騰柱前佇立良久。高聳的圖騰柱頂部長出了大樹，樹根爬過柱子伸展到地面。從上半部形狀判斷應是埋葬族人的圖騰柱。昔日海達族人會挖空圖騰柱上方，將人埋葬其中。也許是某日偶然落在上面的白樺樹種子，吸收了人體的營養，生根發芽，在歲月中將圖騰柱作為培養木成長茁壯。

撥開草叢走進其間，還有更驚人的事等著我們。草地上趴伏著一頭早春誕生的白尾鹿幼崽。我們走遠等了一會兒，母鹿就從森林中出現。鹿吃著草在圖騰柱間漫步，然後走進後方大片凹陷的草地。四根長滿青苔的圓木如同屋頂般，架在那塊十公尺見方的凹陷草地上，母鹿就在下方悠閒地吃著草。這幅景象震撼了我。納原是當年海達族居住的遺跡。人類離去後，大自然便一點一點扎扎實實地奪了回來。我不是傷感，只是五體投地般感慨地想著：「啊，變成這樣了啊。」

雨停了，陽光破雲而出，我坐在海邊的岩塊上，黃昏的落日閃著金輝。我坐的位置有靠背，是個十分舒適的石椅。而我堅定地相信。在悠久的遠古時代，肯定也有人坐在這塊石頭上，像我一樣眺望著夕照中的大海。

婦女邊走邊哄著哭鬧的嬰兒、男人從海上打漁歸來，將獨木舟拉上砂地。年輕男女嬉戲著跑向這片磯岩……這些景象一幕幕在我腦中閃現。

這座島上的住民形跡可以追溯至七千年前，然而在神話時代誕生的最後一根圖騰柱，再過五十年恐怕就會在森林中消失得無影無蹤。柱面上鑿刻的夢境般的民間傳說，不曉得哪些屬於真人實事，哪些又是動物的故事，也許都是住民在與大自然接觸的歲月中，發自天性創造並延續下來的智慧；與此同時，那些也是人們已然喪失的能力。

人類的歷史奔馳在沒有煞車、也看不見終點的迷霧中。但人類今後若想繼續存在，也許必須再興起一次竭盡全力創造我們神話的時代。

冷不防傳來敲打木頭的聲響，咚、咚、咚……我環顧四方，一個人影也沒有。猛地抬頭，一隻啄木鳥停在圖騰柱上，正在敲打已風化的灰熊臉龐。不知不覺間，森林裡出現另一頭白尾鹿，在圖騰柱間徘徊。神話驀然復甦，這個世界的造物主——渡鴉布滿青苔的臉目不轉睛地俯視著我。

邂逅阿拉斯加

叢林飛行員唐・羅斯打電話來。

「剛才《國家地理》的攝影師過來，說是接下來要去北極圈拍攝馴鹿的季節遷徙，想向你詢問一些資訊。你能不能去飯店一趟，和他見見面……他叫做喬治・莫普萊。」

《國家地理》是美國介紹自然、地理、民族、歷史最權威的雜誌，或許也是所有攝影師最嚮往的雜誌。他們的攝影師竟然來了？那人肯定跑遍了全世界吧。心下盤旋著這些念頭，驅車前往鎮上的飯店時，突然間，喬治・莫普萊這個名字輕輕敲打起記憶的鐘。不會吧……但的確是這個名字。

我把車子調頭開回家，從書架上抽出一本攝影集，不費力氣就找到那一頁。懷念的照片旁，小小標記著喬治．莫普萊。哪裡想得到我們會以這種形式見面……

十來歲時，我深深著迷於北海道的大自然。可能是受到當時讀過的許多書籍影響。在那時代，北海道對我而言是塊遙遠的大陸。直到對北方的嚮往，不知何時轉移到更遙遠的阿拉斯加。然而，現實無計可施，只有念想一天比一天深。二十多年前，日本根本找不到關於阿拉斯加的書。

有一天，我在東京神田舊書店街的外文書專賣店，發現了一本阿拉斯加的攝影集。眾多外文書陳列的架上，為什麼目光剛好停留在這本書上呢？它就這麼出現在眼前，彷彿正等待著我的到來。之後，不論去學校還是任何地方，我的背包裡一定放著那本攝影集。讀書讀到沾滿手垢就是指這種情形吧。但我的心思都在那些照片上。

我特別在意其中一張照片。每次拿起攝影集，不翻開這一頁就無法放手。那是一張北極圈愛斯基摩村的空拍照。

灰色的白令海、陰沉沉的天空、從雲間如竹簾般射出的陽光、位於正中央如孤立黑點般的愛斯基摩聚落……起初我可能只是被照片中奇異的光線所吸引，但漸漸地，我開始關注起那個村子。

為什麼人們要生活在這樣的極地中？那景象荒涼無比，毫無人煙，但仍看得出一幢幢房屋的形狀。到底是什麼樣的人住在那裡呢？那些人在想什麼呢？

以前，從電車上漠然看著黃昏街頭時，可能因為是晚餐時間，從房屋敞開的窗子偶爾會閃過全家團聚的景象。這種時候，我總是盯著窗口的亮光直到從視野消失為止。而且，胸口會同時湧上一股緊縮感。為什麼會有這種感受？也許是對陌生人正過著我所不知道的人生而感到奇妙吧；也可能是因為生在同一個時代，卻永遠不會與其相遇而備覺傷感吧。

注視著那張村落的照片時，我內心也湧上類似的感受。但是，我無論如何都想見見村裡的人。

照片旁的說明文字中有村落名稱。希什馬廖夫村……我想寫一封信到這個村子。可是，要寄給誰？地址呢？翻開字典，我找到了村長這個字的英文。至於地址，只能在村名前面加上阿拉斯加和美國了。

「我在書上看到貴村的照片，想去拜訪你們。是否有人可以幫助我呢？我願意做任何事……」

我在信中寫下了我最真誠的想法。第一次用英文寫信，可想而知文筆多麼拙劣。

當然，我沒有收到回信，畢竟收信人和地址都含糊不清。即使信件寄達目的地，也不會有人願意幫助一個未曾謀面的人。

我完全忘了這封信。直到半年後的某天，放學回家時收到一封英文信，寄件者是希什馬廖夫村的某個家庭。

「……我收到了你的信，與妻子商量過你到家裡來的事……夏天是獵馴鹿的季節，我們需要人手……到時歡迎你光臨……」

經過約半年準備，我踏上阿拉斯加之旅。轉了好幾趟小飛機，看到坐落在白令海上的聚落時，剎那間，現實與那張照片完全重疊，我將整張臉貼在窗玻璃上，內心忐忑不已。

在村裡度過的三個月，化為強烈的體驗沉澱在心底。第一次遇見熊、獵海豹、獵馴鹿、與男女老少村人相識……而自己就站在那幀空拍攝影中的村子。透過這趟旅行，人們生活的多樣性令我深深著迷。那年，是我十九歲的夏天。

後來，我走上攝影這一行，懷著各種夢想，相隔七年再度來到阿拉斯加。這次不是短期旅行，我計畫是三年，不，也許是五年的旅行。時間如箭矢般飛逝。

我走過橫貫阿拉斯加北極圈的布魯克斯山脈的無人山谷，在冰河灣划皮艇，聆聽冰河擠壓的聲音旅行；與愛斯基摩人划著捕鯨船，在北極海追逐露脊鯨；受駝鹿的季節遷徙吸引，長期跟隨牠們旅行；記錄下熊一年的生活；看過不計其數的極光；與狼相遇；認識了形形色色的人們……不知不覺間過了十四年。不僅如此，我還建立了家庭，打算在這塊土地上落地生根。

倘若當年沒有在神田的舊書店裡看到那本攝影集，我應該不會來到阿拉斯加吧。不對，我想我還是會來。而要是人們能夠不斷重返生命中的這個時刻、那個時刻……就像看著雙面鏡中反射出的自己，只是無限偶然的連續。

然而，我的的確確看到了那張照片，也去了希什馬廖夫村。在那之後，我的人生齒輪就此轉動起來，彷彿在繪製全新的地圖一樣。總而言之，拍攝那張照片的人，正是喬治・莫普萊。

我抵達酒店，走向他入住的房間，敲了房門。蓄著白鬚的他微笑著上前迎接我。但他全然不知我懷著怎樣的心情前來赴約。

聊了一會兒駝鹿之後，我拿出陳舊的攝影集，說明整件事的來龍去脈。喬治凝視著我，仔細聆聽。這令我感到欣喜。

「原來如此……是我的照片讓你走上了不一樣的人生啊……」

「不，倒也不能這麼說……但那張照片的確是我來到阿拉斯加的一大契機。」

「你現在後悔嗎？」

即將步入半百的喬治，眼底透著溫柔的笑意。

人生遍地是際遇。在平凡的日常中，我們與無數人擦身而過，卻永遠也不會相遇。這種根源於本質的悲傷，其實正印證了「人與人邂逅的無限奇蹟」。

利圖亞灣

從南阿拉斯加的村落亞庫塔特起飛，塞斯納朝著正東方，沿海岸線飛行。冰河從費爾威瑟山脈（Fairweather Range）一路流入太平洋，形成長達數百公里參差凌亂的海岸線。究竟跨越了幾道冰河呢？每越過一道高度下降，我將臉貼在窗玻璃上，氣勢磅礴的冰雪世界令人著迷。

冰河的末端銳利地割開森林，暴露出大地，四周散落著無數冰塊與倒木，絕不是美麗的景致。正思索著這黝黑的地面長得出植物嗎？隱約可見的灰藍色斷層則告訴我那裡還是冰河之上。沒錯，景象雜亂無序。而且歷歷展現出地球才在不久前度過冰河期的面貌。

我的目的地是個人煙罕至的峽灣——利圖亞灣。想要造訪這地方的念頭，擱在心裡很久了。曾經，某個遺世獨立的男人住在這峽灣裡。此人的生平事蹟稱不上具有載入阿拉斯加史冊的意義，只是獨自一人在利圖亞灣住了二十二年罷了。但從另一層意義，或許也算是在歷史上留下了一小步足跡。因為這條長達數百公里的海岸線，除了他之外，再沒有其他白人居住。我對這男人一直十分好奇。

我定居在這塊土地之後，對阿拉斯加歷史的興趣便有增無減。人們來到阿拉斯加追求什麼、走過了什麼樣的人生，我都很想知道。任時代流轉，人們一生所要遭遇的難題，不會出現太大的變化。可能我對這位隱士無來由感到親切吧。

他叫做吉姆·哈斯庫洛夫。約是在一九一五至一七年，划著小船來到利圖亞灣內的小島。此後直至二十二年後過世，始終獨居在這座島上。

阿拉斯加經典《冰河灣》中對他寥寥數語的記載，令我印象深刻。他是個什麼樣的老實人呢？曾挑戰初攀費爾威瑟山脈的地理學家布拉克福德．沃休班，是這樣描述他的：

「吉姆．哈斯庫洛夫是我見過最溫暖的人。那是一九三二年，吉姆已經在島上生活了十七年。他每年都會划著小船到三百公里外的朱諾城，向居民販賣銀狐的皮毛。除此之外，過著全然自給自足的生活。」

書中只放了一張吉姆的照片。照片中，吉姆拿著剛從田裡採來的馬鈴薯，露出靦腆的微笑。那笑臉深深吸引了我。

「到了朱諾，吉姆會先去買足量的鹽漬鯖魚，然後去拿請商店保留的一年份報紙。回到島上之後，他會在每天早上翻閱前一年同一天的報紙，看過之後絕不再看……」我特別喜歡這段敘述。

「一年之中，造訪利圖亞灣的人屈指可數。然而每到此刻，吉姆都會拿著時鐘到海邊迎接，務必要校準現在的正確時間……」

真是個與社會同步的隱士。

「吉姆總是為別人設想，不論是誰，只要來到了這座島，他都慷慨招待、給予幫助。有一次，吉姆從報紙上看到紐約一群孩子因飢餓翻找垃圾箱，於是整個冬天都在思索，怎麼做才能將利圖亞灣的魚和山羊肉送給那些孩子……」

「對吉姆來說，一年的壓軸就是聖誕節晚餐。他會從幾個月前就著手準備，還在我們面前拿出秋天儲存的藍莓和草莓果實。到了平安夜，他會獨自在桌上擺出烤鴨和十四種口味的派……」

人類的確是一種熱愛將一生過得多采多姿的生物。吉姆來到阿拉斯加之前，我們只知道他生於俄亥俄州，三度成為巨富，最終事業失敗，失去了一切。一九三九年三月二十三日，吉姆．哈斯庫洛夫溘然長逝。隔年，沃休班將吉姆的回憶刻在一塊碑上，埋進利圖亞灣小島的岩石中。儘管只是書中一段短短的人生，吉姆．哈斯庫洛夫卻從此沉澱在我的記憶深處。

然而，利圖亞灣的故事還沒完。書中緊接著講述起從前居住在利圖亞灣的特林吉特印第安族的傳說。

傳說怪物卡亞．利圖亞會潛伏在利圖亞灣口的海底，消滅任何靠近這片近海的生物，只要接近這一帶，牠就會將對方變成熊，並且當成奴隸使喚，讓熊站在費爾威瑟山脈上守望利圖亞灣。一旦有船進入峽灣，熊會從山上推落大石，在海上掀起海嘯，將船沉入海底。

儘管這個故事一代代口述傳承，但是在吉姆來到利圖亞灣的時代，特林吉特族早已從這塊土地上消失。他們深信，在遙遠的遠古，卡亞·利圖亞真的曾經現身島上，而且有一天牠會再度出現……

一九五八年七月九日，那天天氣晴朗，海面平靜。八名加拿大登山隊成員結束了攀登費爾威瑟山的行程，在利圖亞灣的入口處紮營。晚間九點，小型飛機在沙灘降落，載著他們起飛前往朱諾。其實按照原訂計畫，小飛機應是在第二天清晨才會過來接他們。一小時前，拖網漁船艾德利號駛進利圖亞灣停泊，過了九點，又有兩艘漁船——巴札號與薩摩亞號駛入。夕陽沉落，潮水退去。晚間十點十六分，費爾威瑟山震動了。

爆發劇烈地震，九千萬噸的石塊崩落，冰河碎裂，四十公尺高的大海嘯以時速一百六十公里橫掃利圖亞灣。薩摩亞號瞬間捲入海中，巴札號與艾德利號被沖上二十公尺高的樹上。第二天早上，美國地理協會學者飛過利圖亞灣上方，他事後說，就像是世界末日的景象。吉姆・哈斯庫洛夫的家和菜園也消失在大浪中。

漸漸地，利圖亞灣愈來愈近。冰雪覆蓋的費爾威瑟山脈也從雲間露出原貌。這種情形十分罕見。這條海岸線是阿拉斯加天候最差的地區，卻取了個fair weather（好天氣）的名字，十分諷刺。飛機環山繞行，利圖亞灣的全貌映入眼簾。塞斯納降低高度，降落在峽灣的小沙灘。

引擎熄火後，就只剩下太平洋的波濤聲。沙灘上留下了一串模糊的黑熊足跡。跟著足跡走，來到了視野絕佳的磯岩區。從這裡可以一眼望盡吉姆曾長住多年的小島。高達五千公尺的費爾威瑟山脈聳立在眼前，冰河盤旋，美得令人屏息。或許伊甸園與危險就是毗鄰而立的存在。

我很想看看那個獨居男人欣賞了二十二年的景致，儘管我們生在不同的時代，但是他同樣為了追求什麼，而來到阿拉斯加，所以我也試圖探觸他的人生。這趟旅行就是這麼簡單。

吉姆為何決定在利圖亞灣定居，原因已不可考。每個人都有自己的故事，也只能走過各自的人生。然而我唯一可以確定的是，那天，當他划著小船，來到地之盡頭的這座峽灣，利圖亞灣一定是個晴天。就像今天一樣，無限平靜的一天。

基斯卡

夢裡感受到白令海翻騰的海浪清醒過來。隸屬於美國海軍的吉米特號通過鎖鍊般的阿留申群島，朝基斯卡挺進。這個海域因為不斷生成低氣壓，而在某份官方文獻中被形容為世界上海相最惡劣的海洋。深夜遇到的小暴風雨，也終於在清晨前通過。

走上甲板，基斯卡已經不遠，阿留申群島上看不見一棵樹，應是一年到頭的強風所致。島嶼上方籠罩在霧中，陽光偶爾會穿透雲層，阿留申難得有個好天氣。

菅野豐太郎站在甲板上目不轉睛地望著島影。一九四三年七月二十九日，五千五百名日軍在大霧中奇蹟撤退，他便是其中一人。距離兩千六百三十八人戰死阿圖島，只不過短短兩個月前的事。

「幸好今天放晴。」

「五十年來，我一直夢想著再次踏上基斯卡的土地，能活到現在都是為了這一天。看來老天聽到了我的心願。」

出身山形縣的菅野那張陽光炙曬後農民般的黝黑臉頰，咧嘴笑了。

喬治・艾爾出現在甲板上。當年美軍未察覺日軍撤退，十八天後，六千五百名美軍登陸只剩下空殼的基斯卡島時，喬治・艾爾也是其中一人。本是山岳兵的喬治受命擔任前鋒，登陸時緊張極了。而今天，當時的兩名日本兵和十名美軍戰後第一次共同登陸基斯卡島。

七十二歲的菅野略顯靦腆地深深鞠躬問候早安。已經八十歲的喬治也抬起手說了聲「Good Morning」回應。不論是菅野還是喬治，都已度過了半世紀的歲月。基斯卡的綠意映入眼簾，一回神，語言不通的兩人攬住了彼此的肩。

戰後出生的我看來，太平洋戰爭是個既疏離又久遠的往事。其間究竟發生了什麼，對於未生在那個時代的人而言，只不過是昭和史中的一頁。儘管再怎麼接近那段歷史，依舊難以想像當時人們的感受。

站在日本的角度，太平洋戰爭是場一味擴張領土的帝國主義戰爭；而在美國眼中，第二次世界大戰就是反法西斯主義的全面作戰。可是，學習歷史的後人會想問，為什麼必須為此犧牲三百一十萬條人命（日本方面）？我想這個問題沒有答案。而活在時代的人們都身不由己。

即便戰死的人數令人暈眩，依舊無法完整傳達出戰爭的悲慘，除非遍數死去的無名戰士們不可取代的一生，以及倖存者日後的人生，才可能真正理解吧。尤其是數年前，讀完《滄海啊沉睡吧——中途島海戰的生與死》（澤地久枝著，文藝春秋）時感受很深。書中生動描寫日美三千四百一十九人，猶如遭中途島這塊磁鐵吸附般一一戰死的悲慘青春，以及他們留下的妻子、父母、戀人的戰後人生。作家透過這本書直指戰爭難以道盡的蠻橫無理。其中最打動我的，就是一位在中途島海戰失去丈夫的美軍遺孀的感傷：

「如今，我終於明白人類為什麼要建立懷念過往、讓死者永存的信仰。因為人心無法接受一條生命，一個深愛、仰賴之人不再存在的事實。就是因為拒絕接受這樣的事實啊。」

阿留申群島戰役被視為是中途島海戰的佯攻策略。日軍雖然占領了阿圖島和基斯卡島，卻在中途島海戰一役慘敗後扭轉了太平洋戰爭的走勢，日軍於是決定棄守沒有戰略功能的阿留申。日軍快速走向戰敗，阿圖島戰役乃是後來連番全軍覆沒的第一戰。但是，因為基斯卡海域特有的濃霧現象，約五千五百名日本兵在僅僅四十分鐘內奇蹟似地全面撤退。

就在撤退四天前，一架美國戰鬥機遭到擊落，日軍急忙趕到墜毀處，機內的年輕少尉已經死亡。集結的五十名日本兵為這名勇敢奮戰的美國少尉立起一座十字架墓碑，並且刻上英文：

「**為祖國奉獻青春與幸福的勇敢英雄長眠於此**」

在那個視英美為鬼畜的年代，這絕對是不足為外人道的行動。而菅野豐太郎正是建造墓碑的其中一人。他雙手合十在心中默禱：「不久之後我們也會死去，到了地下再好好聊聊吧。」

戰後，未曾遺忘這座墓碑的美國上校主動前往基斯卡，舉行日美共同追悼會。儘管兩國互為仇敵，但雙方戰友都同樣領略過基斯卡嚴酷的自然環境。

與平均年齡約八十歲的十二名老兵紮營共度的五天，是我人生中相當寶貴的經驗。我們一起爬山，聽老兵們分享戰時回憶，造訪散落各地的遺蹟。散布在凍原上已然生鏽的高射砲、擱淺在沙灘的巡洋艦、被稱為海中特攻隊卻未攜帶回程燃料的特殊潛艇，以及滿載魚雷衝向敵艦的雙人潛艇。

夜裡，菅野在帳篷中像是突然想起什麼似地說了。

「今天聽美國人說，日本人太輕忽生命，應該更加保重自己……」

想必菅野也有很多想述說那個時代，卻又無法言說的想法吧。

摘下基斯卡八月盛放的花，舉行簡單追悼會那天，朗讀追悼文的菅野不時哽咽拭淚。儀式結束後，他用雙手握住我的手說：「星野先生，任務完成了。」對戰爭一無所知的我該怎麼回答他呢？這天，菅野結束了他的最後一場戰役。

阿留申難得的大晴天，每個人都度過了他們平靜的一天。喬治獨自鑽進峭壁的草叢裡紮營。熱愛繪畫的他，戰後在故鄉的大學裡教藝術。我也在附近的草地坐下，沐浴在夏末的陽光中。基斯卡灣熠熠生輝，戰爭恍如一場夢。

「戰後的日子，在你的人生中占據著什麼樣的位置？」

喬治停下畫筆，凝望著白令海思索片刻。

「戰爭在我一生中留下無法計測的分量，那時我們很年輕，正要展開人生……戰後不久我的妻子就過世了，此後我封存了關於戰爭的一切記憶。直到四、五年前，我才參加當年山岳兵的聚會。但這全是因為我再次走入婚姻、好不容易重建新的人生之後，才主動打開了那扇門……」

乘著上升氣流，白頭海鵰悠然翱翔。位於北太平洋的這座孤島，也是世界上珍貴的海鳥繁殖地。我想起喬治提及的一名戰友。那同袍愛鳥，駐紮基斯卡期間，還因為太過著迷於鳥類觀察而遭軍隊除名。可戰爭剛結束，他就以史密森尼學會的研究員身分重返基斯卡。政治、社會都會改變，過去也看似不留一點痕跡，唯獨個人的夢想、人類的文化強韌不屈地存留下來。

離開基斯卡的前一晚，喬治朝我走來。

「道夫，之前在山崖上，我忘了說一件事。那時候，我愛上基斯卡荒涼的風景所以提筆作畫。可是我沒有注意到就在我腳邊的微小自然。凍原上的小花、風中搖曳的野草、苔蘚之美……五十年後的今天，我終於發現了它們。哦，我只是想告訴你這件事罷了。」

叢林飛行員之死

今年費爾班克斯的秋天十分美麗，但我做夢也沒想到，居然會以這麼悲痛的心情迎接晚秋。

叢林飛行員羅傑・達爾文墜機死亡。

這一、兩年，我認識的幾位飛行員相繼殞命，從沒料到羅傑竟也這樣離開了我們。

「一個時代結束了。」

許多朋友唷噬著難以排遣的不捨說著同樣的話。沒有更客觀的言語足以形容羅傑的死。是的，一個時代真的結束了。

這並非因為他是阿拉斯加北極圈首屈一指的叢林飛行員，也不是看在他所完成的那些傳奇性的飛行紀錄。不只如此，羅傑這個人其實一點也不符合擁有如此豐碩功勛的飛行員形象。

羞怯，但熱愛人群，具有自然流露的幽默感。每次露出微笑，那張國字臉的眼角會微微下垂，讓人感受到笑臉背後那股深沉的悲傷。羅傑擁有一種溫暖人心的神奇力量，而且，他對此毫無所覺。每個人都打從心底誠摯地愛著獨一無二的羅傑。

自從八月二十九日，羅傑在飄雪的布魯克斯山脈斷了音訊之後，我反覆想起好友唐．羅斯。唐與羅傑都是在阿拉斯加北極圈飛行的叢林飛行員，兩人交情深厚，我很喜歡看著他們相處的模樣。

許多飛行員好友在布魯克斯山脈的印第安村——北極村集結，努力不懈地搜尋行蹤不明的羅傑。然而初雪已覆蓋山區，不可能再找到他的白色塞斯納了。天候愈發惡劣，在雙重遇難的危險中，唐是唯一堅持獨自續飛的人。他甚至按著飛行路線，親自攀登初冬的布魯克斯山脈。就在所有人都放棄，認為春天之前找不到他的時候，唐在欣傑克谷（Sheenjek Valley）上方，發現了日思夜盼的白色機身。

九月一個晴朗的星期天，在機場外圍的小型飛機機庫中，舉行了羅傑的追思會。籃球場大小的空間，聚集了近兩百名親友。那裡是羅傑平日檢修塞斯納、充滿回憶的飛機庫。

會場裡擺滿各式美食，還有羅傑的相簿與無法與會者的來信。所有人都一身家常便服，機庫內還徘徊著幾隻大型犬，是個極富阿拉斯加風格、兼具羅傑行事作風的追悼會。

唐在牆面貼上一張大大的紙，用麥克筆寫著「麻煩別吐出來，感謝各位」。這是羅傑在辦公室（稱它工寮更貼切點）牆壁上貼的玩笑話。意思是機身搖晃幅度大，感謝乘客的忍耐。強烈傳達出眾人想在歡樂的氣氛下送走羅傑的英靈。我實在不忍對上唐的眼神，就怕盈眶的淚水決堤而下。

會場擠滿了懷念羅傑的親友，每個人都哭腫了眼。撰寫《阿拉斯加的叢林飛行員》一書的友人金姆・希考克也來了。他在書中某個章節這麼描寫羅傑：

「……塞斯納飛入欣傑克谷之後，自河上飛掠而過。在上空盤旋數次確定風向後，就在河邊僅有的沙礫地降落。機身落地靜止，距離河水不過一公尺。某位大型航空公司退役飛行員屏息地看著這一幕說：『三十年來，我只是坐在波音的駕駛座前操縱電腦而已。今天，我第一次見到真正的飛行員……』」

追思會比預定時間晚了一小時開始，人們陸續到場，一圈圈的人群擠滿整個會場。

由唐・羅斯和布魯克斯山脈的嚮導吉姆・瓊斯主導追思流程。首先，唐從口袋裡掏出一張紙片，朗讀起詩來。吉姆介紹唐時便說：「明明只是個叢林飛行員，寫什麼詩嘛，真是肉麻。」全場哄堂大笑。吉姆是個善於體察情感、心地善良的人。

唐的詩作簡單易懂，打動了在場所有人的心。他寫的是曾與羅傑一同飛行阿拉斯加北極圈的回憶……遠古以來日復一日的雄偉馴鹿之旅、夏日凍原上盛開的小花、怒號著颳走一切事物的風，所有的生命都將行至盡頭……

唐以低沉的嗓音朗讀詩作，所有人聽得入迷。

接下來輪到吉姆讀詩。題名為「喜歡史帕姆的男人」。史帕姆是一種便宜的火腿罐頭，在美國經常被用來形容難以下嚥的食物。但是羅傑就愛這一味。全場再度笑聲不斷。每個人都是笑中帶淚。

接著大家各自說起了對羅傑的回憶。雖然沒有排順序，但是一個人說完後，另一個人就會接著說下去，十分自然。我雖然也想分享，最後還是按捺在心中。我想起某個春日與羅傑共飛的攝影之旅，那是多少年前的事了呢？

我們穿過早春的布魯克斯山脈谷地，飛向北極海，去觀察馴鹿的季節遷徙。那一年，羅傑買了第一臺小攝影機，從費爾班克斯出發後，就反覆把玩著機子，又不時將鏡頭對著我要我說話，像孩子一樣興奮地嬉鬧著。那時的錄影帶一直保存到現在。

我們駛近打算建基地營的空卡庫特河，可雪融得太快，四處找不到適合降落的場地。而我深深記得，羅傑因此在積冰（由河水冰隙滲出的水再度結冰的狀態）上嘗試無數次降落。總之，他反覆讓滑雪板稍稍著陸，一面確定冰的狀態，一面滑行，然後再度升空。過了很久之後羅傑才告訴我：「我從來沒有經歷過那麼危險的降落。」好不容易正式降落，聽著冰面的龜裂聲，總算平安停下塞斯納時，我們已在低於零度的氣溫下滿身大汗。

追思會近尾聲，每個人分到了小氣球，好將大家的思念傳遞給羅傑。飛機庫巨大的門升起，戶外是一大片澄澈的秋日青空。大地的寒氣拂上哭腫的臉很舒服。正好有一架塞斯納起飛，飛入秋日的天空。

接著，現場開始播放羅傑喜愛的音樂，並且釋放氣球升空。這也是這場追思會最具代表性的一刻。每個人緊握著氣球線，在各自的思緒中屏息等待。然而錄音帶出了差錯，驀地發出快轉的怪聲，再度掀起一陣爆笑。果然是羅傑式風格的謝幕。即使如此，氣球還是一個接一個被吸入了湛藍的秋日天空。

唐倚靠在飛機庫的牆上。我想我應該可以看著唐的眼睛了。

「唐，追悼會很成功呢。」

「是啊，羅傑會很高興。」

唐在幾天內必須再次飛往布魯克斯山脈，我也要前進科伯克河（Kobuk River）拍攝馴鹿。每個人都將再次啟動自己的人生。

今年的紅葉真美。儘管每年都將迎來秋天，可是不知何故，色彩總是有點不同。——一九九三年秋記

旅行之木

在費爾班克斯的木工用具店與羅莉撞個正著。

「兩年沒見了吧。現在在做什麼?」

「在做木匠。把孩提時練的技術搬出來用。說到這兒,五月時我打了好幾通電話給你!也聯繫很多朋友打聽道夫的行蹤呢!……我是要告訴你,比爾·普魯伊特(William O. Pruitt)離開三十年要回來了。你不是一直很想見他嗎?」

比爾·普魯伊特……真令人懷念的名字啊。

一九七九年,我搬到阿拉斯加的第一個夏天,待在阿拉斯加北極圈的湯普森角（Cape Thompson）。那是個突出於白令海、猶如地之盡頭的半島。我與鳥類學家迪普・羅塞納一起在島上調查海鳥。

湯普森角的斷崖是阿拉斯加北極圈最大的海鳥繁殖地，崖海鴉、三趾鷗、角海鸚……斷崖的一角還可以看到金鵰的窩。我們乘著橡皮艇浮在海面，每天從望遠鏡觀察幼鳥成長。回到基地營的某個傍晚，灰鯨從船側近旁噴水現身的景象，成了難以忘懷的記憶。這麼說來，湯普森角也是我頭一次看到馴鹿群的地方。

我們趴在凍原上，不時揮動手帕勾起馴鹿的好奇心，將牠們引誘到跟前。在沙灘上發現灰熊的足跡，但是熊始終未現跡影。那一帶唯一有人居住的地方，是北方距離五十公里遠的海岸愛斯基摩村希望岬（Point Hope）。我們完全置身於阿拉斯加北極圈的荒野正中央，搭著帳篷露營。能在湯普森角度過第一個夏天，我感到由衷幸運。因為待在這幾乎與世隔絕之境，就像初次旅行便得到了阿拉斯加的洗禮。

由於父親的工作，生物學家迪普從兒時就在愛斯基摩村生活，他也是個擅長說故事的人。每到夜晚，我就在北極海浪濤聲的陪伴下，聽迪普妮說起阿拉斯加的民間故事。

至於我在哪裡認識了比爾・普魯伊特？如今已不復記憶。可能是有人告訴我，在無人的湯普森角峽灣，不可思議地散落著生鏽的老建築吧……總之，比爾與迪普同為生物學家，而且互相熟識。一樁為比爾・普魯伊特的人生帶來巨大變化，也在阿拉斯加歷史上增添新的一頁的事件，就始於這座小小的美麗峽灣。

一九六〇年，「氫彈之父」愛德華・泰勒（Edward Teller）主持的美國原子能委員會推動「戰車計畫」，在阿拉斯加北極圈海岸，利用核爆建立實驗性人工港。原子能委員會裡沒有一個成員去過阿拉斯加，卻在地圖上選中了湯普森角作為實驗地點。破舊的建築就是計畫的殘骸。他們僱用阿拉斯加大學的年輕研究員比爾・普魯伊特，進行該計畫的安全性環境評估。

當時，比爾在野生生物學界的努力無人可出其右，在阿拉斯加野生動物的調查上更發揮了先驅者的角色。不只如此，比爾打從童年就深受動物文學之父西頓（Ernest Thompson Seton）的小說影響，對極北的自然懷抱著無限夢想。

打從伊始，戰車計畫就是在絕對的壓力下全面開綠燈的行動。據說對這項計畫持否定論點的學者，都有立刻失去大學教職的風險。政府對大學的掌控力就是這麼強大。

然而，比爾．普魯伊特依舊帶回了否定的評估結果，因為戰車計畫對於周遭愛斯基摩村和北極圈自然將造成無可彌補的後果。不久，他失去了大學教職，但是他的作為讓愛斯基摩人對計畫心生疑懼，發起了盛大的抗爭運動。在那個時代，人們很難起身集結反對國家的重大計畫，但是這群人展開了草根般強韌的長期抗戰，本來企圖活絡阿拉斯加經濟的戰車計畫就此崩潰。

比爾離開了心愛的阿拉斯加，轉任美國本土的大學，卻仍持續遭受美國原子能委員會的壓力，一再被削去教職。有段時間連FBI都在暗中調查比爾的行蹤。後來比爾離開美國，移居加拿大，晚年擔任曼尼托巴大學的動物學教授。

在湯普森角聽迪普述說這段故事的一年後，我才發現比爾・普魯伊特就是我熱愛的阿拉斯加動物學經典《北國的動物》（*Animals of the North*）的作者。那雖是一本談生物學的書，卻也是透過故事手法描寫阿拉斯加生態的名作。當年因為已經絕版，所以我始終將它當成寶物般珍藏著。

以〈旅行之木〉展開的第一章，寫的是某個早春的日子，一隻紅交嘴雀停在雲杉樹上，這種鳥在覓食時十分浪費，一面啄食，一面讓幸運的種子掉得滿地都是。經過種種的偶然，在河邊的森林扎穩根基的雲杉種子，不知不覺長成了一棵大樹。悠長的歲月中隨著河水浸蝕，逐漸刨刮森林，終於有一天，這棵樹站在河邊的時代來臨了。某個春日融雪的洪水沖垮了這棵雲杉，於是它沿著育空河旅行，最後流進白令海。然後，北極海流將生長在阿拉斯加內陸森林的雲杉樹，送往遙遠北方的凍原海岸。被沖上岸的漂流木，在寸草不生的凍原世界成了一道地標，成了狐狸留下氣味的場域。冬季某日，一個追蹤狐狸的愛斯基摩人，在那裡設下陷阱……一棵雲杉樹無盡的旅行，最終止步於原野上一棟木屋內的柴火爐。但是，重生的雲杉樹從燒盡的大氣中又開啟了新旅行。流淌在整本書中的極北氣息，究竟撩起了多少人對阿拉斯加自然的嚮往呢。

儘管三十年的歲月，將戰車計畫和比爾・普魯伊特的名字沉入了人們的記憶深處。可歷史總會從一樁小意外燃起星火，又一次在這個時代被喚起。

去年夏天，阿拉斯加大學的圖書館員在查閱戰車計畫紀錄時，從舊資料中發現了一個無人知曉的事實，隨後在阿拉斯加引發喧然大波。原來當年在極機密狀態下於湯普森角實驗性填埋的核廢棄物，計畫中止後依然埋在原地。即便數量極少，但這種近乎科幻情節的事件，依舊引起周邊愛斯基摩村的恐慌。

這一年，又有另一則新聞勾起了人們對戰車計畫的記憶。加拿大科學院為表揚比爾・普魯伊特多年來對極北野生動物的研究成果，授予他當年最高殊榮獎項。

如此回頭來看，在阿拉斯加的愛斯基摩人眼中，戰車計畫仍然是個歷史性的事件。因為有史以來散居阿拉斯加原野上的人們，頭一次團結成一個民族，與外來勢力對抗。

羅莉打電話找我，是因為阿拉斯加大學邀請比爾・普魯伊特參加五月的畢業典禮，並且打算授予他名譽博士學位，所以有機會與他見面。過去，比爾就住在羅莉家隔壁，也是她自童年時代認識的老朋友。

經過三十年歲月，阿拉斯加大學應當向比爾・普魯伊特道歉了吧。而阿拉斯加的自然和這一帶的居民，或許也欠這位年老的生物學家一份難以言盡的人情。

「然後啊，我向他說起了你，說有個日本人非常喜歡他的書……」

是的，可以的話，我渴望能見他一面，對他說聲謝謝。但我想道謝的並不是戰車計畫的英雄，而是讓我對極北大自然湧上無限夢想的一位自然學家。

十六歲的時候

明明眼前有許多選擇，為什麼自己現在會在這裡呢？為什麼走的不是A的路，而是B呢？人們往往容易陷入思索，試圖簡單釐清一些問題。每個人的人生都會經歷岔路，只能一一追溯找出答案。

我第一次旅行，是十六歲時的美國之旅。那時出國不像今日已是家常便飯，而美國又是在太平洋彼岸的遙遠異國。說不定能搭船遠渡重洋，靠著搭便車在美國流浪旅行……這是我念國中時就在祕密暖身的計畫。坐在學校的課堂上，望著教室窗外思考這個計畫時，便覺得渾身發熱。各式各樣的冒險就在那遙遠的彼岸等著我，我想穿破包裹日常的薄膜，接觸這個世界。

我也在心裡決定了一同前往的旅伴。畢業前夕，我將朋友叫到校園角落，吐露了我的計畫。由於我計畫相當久，以為這應該是值得紀念的一天。然而出乎意料，原以為好友一定會說「真有意思，算我一份」，沒想到他卻當場愣在原地，毫無反應。如今回想起來，他並沒有錯。但我還清楚記得自己感到全身癱軟、失望透頂的心情。已經是二十五年前的事了。

上了高中，我半工半讀存錢。同時透過熟人，到橫濱港尋找開往外國的貨船，向船員打聽有沒有洗盤子的工作。我已經決定獨自一人前往美國。但每當我把計畫告訴父母或周圍的人，沒有人願意好好聽我說。當時，一個十六歲的孩子想隻身赴美國旅行，別說反對，根本先抓來揍一頓再說。那時我年紀雖小，卻抱著認真無比的態度。不久之後，終於有一個人願意聆聽我的計畫，是我的父親。他說，要是你真的想去，我幫你出旅費。父親只是個上班族，這筆越洋旅費對他來說並不是小數目。況且，他身為一名冒險少年的父親，想必是在飽受旁人責難中做出的決定吧。說不定孩子再也無法平安歸來。那個時代，外國就是如此遙遠。

一九六八年夏，我坐上駛往巴西的移民船「阿根廷號」，從橫濱港出發。乘船渡海展開首次旅程，我充分感受到地球的宏大。遼闊無垠的太平洋、無與倫比的碧海藍天。每晚走上甲板，望著垂降的星星，傾聽海浪起伏的聲音。每天凝視著大海度日，漸漸覺得自己過去生活的陸地竟是如此不安穩的短暫居所，唯有大海是地球的實體。大海賦予我無限的想像力，在靜默中告訴我人生之短促。

兩星期後，天際線浮現洛杉磯市的影子，船抵達美國。我的行李只有肩上那只美軍釋出的大背包，帳篷、睡袋、煤爐、美國地圖……背包裡塞得滿滿的。

位在城郊的港口人影稀疏，黃昏漸近。沒有熟人，沒有落腳處，半分計畫也沒有的我，接下來要往北還是往南，彷彿丟骰子般當下決定就行了。這個夜晚沒有必要回去哪裡，沒有人知道我身在何處，這在孩子的心裡是多麼新鮮的體驗啊。內心沒有一絲不安，自由幾乎脹滿了胸口，我只想大叫。

洛杉磯沒有紮營的地方，那一晚，我住進城郊的廉價旅舍。那裡也是許多來路不明者的棲身處，整夜不時傳來叫喊喧鬧聲，這是我在美國的第一夜。

回想起來，美國當時正處於甘迺迪、金恩牧師遭到暗殺，加上越戰、黑人暴動等事件引發人心惶惶的混沌時期。我既不了解那樣的社會氛圍，也對當地猖獗的犯罪風氣一無所知，居然還敢意氣昂揚地揚言展開美國之旅。

一天，我在日落前來到大峽谷，那恢宏的氣勢扭轉了我內心的大自然尺度。在小帳篷內度過第一個大自然的夜晚，我在心裡播下了一顆種子。我想肯定是它慢慢茁壯，在某一時刻將手中的棒子交給了阿拉斯加。

當年，美國的民謠團體ＰＰＭ（Peter Paul and Mary）在日本也很流行。我曾荒誕地想著，到紐約時絕對要去聽他們唱歌，可以的話，還要去見他們一面。因此我特地打聽到公司位在格林尼治村的資訊。如今想來都覺得難為情，卻也是令人懷念的回憶。

搭上灰狗巴士前往南部城鎮，亞特蘭大、納什維爾、紐奧良……都帶給我強烈的衝擊。一下車就是黑人的世界。廁所、鞋油、熱狗、漢堡……灰狗巴士站混雜各種氣味，直到現在仍是我懷念的美國味道。

坐在疾馳於美國草原的巴士中，我看到無數次沉落的夕陽、透出晨曦的黎明，每天與三教九流交談、離別。眼前形形色色的人們看似理所當然，但一想到世上竟有這麼多人、各自擁有豐富的生活，就讓我感到驚異不已。

半路轉了個大彎入境墨西哥，參觀古代文明的遺跡，足跡也延伸至猶加敦半島的盡頭。某天晚上，我在梅利達小鎮迷了路，怎麼走都走不出一條詭異的小巷，還好經過的警車發現我，將我送回旅館。這是我第一次真切地感到危險，並且緊張得全身發抖。

在加拿大，我和讓我搭便車的某個家庭一同旅行了十天，二十五年來，我們就像家人一樣持續互通有無。去年，久違地前往兩夫婦定居的加拿大艾德蒙頓訪問，聊到二十五年前的旅行，彼此都開心極了。當時七歲的畢琳達如今已是加拿大性格女星，當年十二歲的唐納德則成了紀錄片攝影師。年老的母親懷念地說：「那天，我們在國道上看見了正在招攬便車的道夫，車子都開過去了，但畢琳達堅持『一定要掉頭回去，讓那個人上車』。」

認識了許多人，受到許多幫助，我終於平安完成兩個月的旅行。抵達終點舊金山的那天，我買了特大號漢堡和可口可樂為自己慶祝。假使心靈有肌肉，我的身體已扎實地感受到了。

也許十六歲真的太年輕了。每一天我都竭盡全力、繃緊神經地活著，所以不曾懷著寬裕的心仔細觀察各種事物，並且吸收到心裡。可是，我日後再也不曾經歷過如此有趣的日子。獨自上路，不斷感受到與危險為伍的戰慄，並且與許多人相識。每一天所做的決定，就像是站在沒有劇本的舞臺上，發展出一齣齣充滿驚奇的全新事件。沒趕上一班巴士，就會經歷完全不同的體驗。而所謂人生、所謂與人邂逅，追根究柢就是這麼回事吧。

一趟旅行清清楚楚地向我展示了這件事。

然而，那樣的我並不是活在現實世界，完成旅行回國之後，我得重拾原本的生活，繼續當一個日本的高中生。然而，了解到世界的廣闊，解放自己，也舒展身心。這個世界不僅僅是生活的他方，形形色色之人擁有各異的價值觀，而他們在遙遠的異國，和我一樣度過一生。總之，這趟旅行讓我有所成長，也讓我頭一次從相對的角度看待眼下生活的世界。這是我人生中的壯舉。因為直到現在，我依然反覆著同樣的行動，依然為阿拉斯加的人間景象深深著迷。

住在阿拉斯加

早春的星期天，從一大早就馬不停蹄地忙碌著。這天家裡第一次舉辦發送邀請函的正式（？）派對。話雖如此，但畢竟是阿拉斯加，所謂正式的程度可想而知，事實上根本沒人在乎你穿的是牛仔褲還是長靴。在阿拉斯加，人們對於衣著打扮或頭銜，幾乎不會投注太多心思。相反地，對於一個人褪去衣物後的面貌，反而會像孩子一樣充滿好奇心。

一個月前，我在日本結婚，因此今天算是補請費爾班克斯無法出席婚禮的友人。

在家門口的白樺樹綁上汽球、準備了烤鮭魚的篝火，也完成了屋內屋外的餐桌裝飾……還有什麼沒做的呢？畢竟包含許多當地孩子在內，將近一百人會來到家裡。

對於初來乍到、英語還不流暢的妻子而言，這場派對也是一大重頭戲。我想早點讓她與更多阿拉斯加的朋友見面。畢竟要習慣、甚至愛上這塊土地，還是必須先聞聞阿拉斯加人的氣味。

「大家不會期望妳馬上就能用英語交談，所以不需要擔心語言上無法溝通的問題。但是，他們會觀察妳是否有心打入阿拉斯加這個圈子。比起聽懂英語，保持微笑或許更重要。」諸如此類，我在匆促間不禁叨唸起或許她聽來莫名其妙的建議。

況且，我也打算趁這個機會，稍微總結一下我在阿拉斯加與人們之間的關係。移居到這塊土地已經十五年了，期間受到許多人的幫助，才能走到今天。幾年前，沒水、沒廁所的小屋生活終於畫下句點，買下自己的土地，蓋起了房子。儘管長途旅行的生活依舊，但這也是決定在阿拉斯加落地生根的結果之一。接下來就是結婚。我很想大聲地吶喊：「接下來我真的要在阿拉斯加住下了。請多指教！」旅居在這片土地上，邂逅形形色色的人們，我不禁自問：「你到底想在哪裡生活？」

當我考慮永久定居在這片土地後，對自然的看法，逐漸起了變化。在此之前的阿拉斯加，比較像是買電影票，觀賞一場壯闊的生態電影；現在已有所不同，就像自己短暫的一生，與在原野上相遇的野狼，生命中出現了交集；不光是野生動物，還有這塊土地上的居民。我想好好珍惜在這裡交會的事物。

傍晚（話雖如此，但已是白夜季節，太陽還是像白天一樣掛得高高的），人們三三兩兩來到家裡。阿拉斯加的人們難得打扮入時，卻也顯得滑稽又充滿趣味。派對是採百樂餐（potluck）的方式，也就是所有賓客都會帶一道菜前來。

就讀阿拉斯加大學野生動物學系時的教授佛列德．迪恩，也在夫人蘇珊的陪伴下來到派對。佛列德是熊科專家，每年我們都一同前往麥金利國家公園觀察灰熊。直到蘇珊五年前接受癌症手術後，佛列德從此離開了田野調查。還是會掛念妻子的病吧。然而今年春天，我在麥金利山區看見了佛列德久違的身影，他那握著望遠鏡搜尋灰熊的身影令人懷念。今天蘇珊看起來精神也更好了，總算放心了。

印第安人阿爾與妻子蓋伊牽著孩子走上坡來。多久沒見了呢？阿爾是我在阿拉斯加大學開學典禮時認識的朋友。那天，阿爾和我並肩站在野生動物學系櫃檯前的青澀模樣，還歷歷在目。及肩的長髮、駝鹿皮做成的衣服，近四十歲的阿爾靜靜地主張自己的印第安人身分。可能彼此都覺得親切吧，我們在開學那天就熟稔起來。後來展開的阿拉斯加旅行中，阿爾也總是站在陌生的世界門口，只要我想入內看看，他的大門永遠為我敞開。一個美好的秋日，阿爾在育空河岸的村莊舉行了婚禮。我原本有點擔心自小在阿拉斯加原野長大的阿爾，是否能與出身紐約的白人女子蓋伊順利走下去。後來蓋伊的肚子裡，有了兩個文化交融的新生命，孩子都長這麼大了。

我喜歡阿爾，他總是用那副溫柔的眼神靜靜凝視世界萬物。人世間的許多事其實都沒什麼大不了——阿爾給了我這樣的思考。有時聊到一半，一仰頭發現沉甸甸的天空似要下起雨來，便不自覺唸著：「要是下雨就麻煩了。」可阿爾會這樣說：「道夫，別擔心，雨該下時就會下，該停時就會停。」他的話總教人回味無窮。

艾弗列德從遙遠的德爾塔章克申城（Delta Junction）前來。記得某個冬日，我的車在阿拉斯加高速公路上拋錨了，那天氣溫接近零下四十度，我被恐怖的酷寒困在冬日原野上孤立無援。這時艾弗列德正好經過，還為了素不相識的我放棄當天的工作，把我的車拖到兩百公里外最近的城鎮維修。他讓我住在他家，直到三天後車子修好為止。從此之後，我們就像家人一樣親近。

總是與我一同飛行阿拉斯加北極圈的叢林飛行員唐・羅斯也來了。每到秋天便相偕去摘藍莓的愛斯基摩人梅寶，攜著快八十歲的老母親蘇姬出席。如今已過世的蘇姬是已故文化人類學家岡正雄的妻子，岡先生與民間故事傳承者帕尼亞克的友誼是一段美麗的佳話。遵照遺言，兩人的墓並立在阿那多克普克帕斯村的原野上。

看著賓客陸續踏進家門的景象，我的內心充滿不可思議的感受，彷彿看著快轉的影片，不斷閃現十五年來我在阿拉斯加的旅行。

派對進行到一半下起了雨，近百位賓客擠進我小小的家，成了極富阿拉斯加風格又輕鬆愜意的派對。人們坐在階梯上聊天，廚房、玄關、壁爐周圍全都擠得無法動彈。然而，我很開心，儘管是人生中第一次辦派對，還相當生澀……

見到我從日本來的妻子，所有賓客都給予熱烈打氣。大家應該都很擔心妻子不適應生活的一百八十度轉變吧。這片土地的冬季嚴酷、少了都市的繁華，許多在我或阿拉斯加居民眼中稀鬆平常的事，對她都是新鮮的體驗。攝影師好友金姆對著聽不太懂英語的她，一個字一個字叮囑似地說：

「聽我說，直子，我要給妳一個簡短的建議。寒冷會暖化人們的心，分離會讓人與人更靠近。」

金姆真的用很慢的速度，把同一句話說了兩遍。靜靜聆聽的妻子開心地笑了。直覺告訴我，她肯定能在阿拉斯加生活下去。

與生俱來的河

人間風景之所以有趣，是因為我們都站在同一個比賽場上，對人生擁有共同的期望。人們共同盼望著，將僅有一次的人生過得更好，而有趣之處就在於從同樣的心願中所分歧出人們無限多樣的生活型態。

某個早春的日子，我去拜訪住在費爾班克斯的老朋友比爾·弗拉。通常就算沒什麼特別的話想說，我也不時會去見見今年已七十五歲的比爾。若說人是一種活在世上偶爾需要鼓勵的生物，那麼比爾確實給了我這種力量。對了，我應該這麼形容……當我遇到困難時，光是看見比爾的臉，就能得到激勵。

我們的英雄比爾・弗拉並非成功人士，也不曾獲得任何頭銜。可比爾是貨真價實的英雄。不，正因為如此，才能算是真英雄。儘管只有了解他的人們知道。

在車內暖氣開到最大仍寒冷不已的費爾班克斯，一個老人在零下四十度的世界騎腳踏車，使勁踩著踏板。

「降到零下三十度之後，腳踏車的輪胎和雪的咬合度變得很差呢。」

這就是比爾・弗拉。即便在零下二十度的嚴寒，比爾外出時依舊打赤腳，穿橡膠拖鞋。但他並沒有忍耐，也不是在進行禦寒訓練。我過去聽聞此事時還驚訝得目瞪口呆，他真的不冷嗎……

「我從小就不怕冷。可能是血液循環好，也可能四肢比一般人來得熱……」

比爾在六十五歲以後開始學日語，認識了超過六百個漢字，隨後像個二十多歲的大學生，騎自行車展開北海道縱貫九州之旅。旅途中遇到的日本人看到這位老者自由如風的精神，肯定驚嘆不已。而且我非常明白，與他相識後會度過何等暖心時刻。

比如說，我不知道有哪對夫婦的生活能像比爾和南西那樣簡單。即使在我居住的城鎮，依舊很常聽到「婚後希望過著有自來水的生活」之類的對話。然而年過七十，恐怕只有比爾夫妻還過著沒有自來水的日子吧。廚房裡鄭重其事放著水缸，盛裝著不知從哪裡汲來的水。僅八坪大的家一眼可望盡。比爾的生活透露著，人即使家無長物也可以好好活著。換言之，他的人生極少罣礙。人們總愛定義個人的成功。然而比爾默默告訴我們，距離社會尺度最遠、極具個人色彩的人生成敗，亦有其存在價值。

一九一九年，比爾生於麻薩諸塞州，來到阿拉斯加之前，歷經多采多姿的人生。他年輕時對天文航海術感興趣，便搭上海運商船；也在早期依賴星象飛行的泛美航空擔任過機上導航員；戰後，他前往南部的甘蔗田與墨西哥農民一起工作；後來在加州運用靈巧的雙手，成為製作船帆的工匠；他還提到自己曾不斷精進舞技，好不容易獲肯定後，卻因滑雪骨折，斷送了站上紐約舞臺的機會；最終渴求學問的比爾，在加州大學取得植物病理學碩士學位。

多麼精采的人生啊！無論任何人，一輩子都為了達到某項成就而活；相較之下，比爾只是隨心所欲地活著。這就是生活在自己與生俱來的河流裡嗎？比爾曾這樣對我說：

「我認為，任何人起初都只想自在地生活。只是人們還很年輕時，就離開了那條河，爬上河岸。」

一九七〇年年初，比爾初訪阿拉斯加，並且深深愛上了這塊土地，決定永久定居下來。他與從事社會服務的妻子南西，在原野邊陲城市做過很多工作。我則是在比爾從各種職務中解脫，兩夫妻晚年移居費爾班克斯後，才認識了他。

他在幼兒園義務為孩童指導音樂，也在阿拉斯加大學教外國留學生英語；他從不缺席城裡的社交舞聚會，對於學日語和西班牙語的熱情也未見減退。倘若年紀增長意味著在物質和金錢上邁入守成的姿態，比爾則永遠將他的能量用在當下。

比爾這個人最吸引我的一點，就是他那充滿活力卻柔和的眼角深處所透出的嚴峻與悲傷。他的人生絕對不是全然順遂的坦途。好比他絕口不提兒子的死、最愛的弟弟因意外以輪椅代步後不幸喪生……每當我看著比爾，都深深覺得人生行至晚年，不知將遭遇多少分歧點，又將多麼珍重一切悲傷往事。

我從克勞貝利路轉彎，走上石子路，進入比爾家所在的黑雲杉森林。快到新葉萌芽時期，南西捧著盤子走在路上，可能才從附近的朋友家回來。

「比爾在家嗎？」

「哦，好久不見。比爾在房間裡練習西班牙語。他見到你一定很開心。」

路面愈來愈窄，幾棟仿如拓荒時代的小木屋佇立在森林中。這附近住了不少來到阿拉斯加生活的年輕人。看到年輕人對待比爾的態度，我不曉得還有哪個老人能像比爾一樣，如此輕易打破了世代框架。這片森林裡有個居民共用的排球網，到了白夜季節，每個星期三都會舉行排球賽，直到深夜一點。他們邀我參加過幾次，當然，比爾是重要的常客。

比爾與南西的小屋在森林深處的盡頭，牆上掛著陳舊的熊皮，儲存雨水，用太陽能加熱的簡易蓮蓬頭、南西的小菜園，還有不知換過幾手，比爾代步六、七年的腳踏車……比爾的書房，就在新建雜物間的二樓。由於雲杉樹林圍繞，而且必須從室外的階梯上去，感覺上就像是一座樹上的小木屋。

「比爾，好久不見！」

「哦，是道夫啊，歡迎歡迎。」

「在學西班牙語？」

看著比爾慈祥的笑臉，我總是鬆了一口氣。放在書桌上的字典和教科書隨著窗口吹入的五月風不時翻動。架在雲杉樹枝上的餵食臺周圍，褐頭山雀和白腰朱頂雀唱著早春的歌，緩緩飛落。新的季節又到來了。

馴鹿湯

我小心翼翼地抱著它，坐在塞斯納機艙內。狹窄的機艙內飄著淡淡的氣味，可能是從瓶蓋滲出少許的緣故。塞斯納從北極圈的村子安博拉起飛，前往費爾班克斯。愛斯基摩好友的家人特地託我，把它交給在費爾班克斯就讀阿拉斯加大學的女兒。每當塞斯納一劇烈搖晃，我就用雙手保持平衡，防止它溢出來。它是一罐還帶著餘溫的馴鹿湯。我讓額頭頂住窗玻璃，俯瞰眼下廣大的阿拉斯加原野，回想起多年前的往事。

那是十五年前，我還在阿拉斯加大學讀書的時候。

有一天，宿舍的舍監前來通知我，希望我能與一名愛斯基摩的學生合宿。可能是與白人室友處不來，所以才搬離。阿拉斯加大學的學生中，兩成是愛斯基摩與印第安人。由於宿舍是隨機分配，每當白人與愛斯基摩學生抽中同寢室，往往容易出現不適應的狀況。畢竟彼此的成長方式差異太大，又互不熟識，實在很難共處在小小的斗室裡。

那人叫維勒德，是出身內陸愛斯基摩村落的年輕人。維勒德提著一只波士頓包，靦腆地走進房間，看到我時似乎有點開心。儘管日本與阿拉斯加原野的成長背景截然不同，但或許是同樣的蒙古種五官讓他鬆了一口氣吧。

新的宿舍生活展開，我們漸漸變得熟稔。有時，村裡的父母會寄包裹來，裡面都是食物，維勒德也會分我吃。燻鮭魚、馴鹿、駝鹿肉乾、蔓越莓，裝滿整個瓶子的白色固體是熊的脂肪，維勒德總是直接用手指挖來吃，沉浸在脂肪的香氣中。每次包裹寄達時，我便感受到季節風吹過了維勒德的村莊。

不久之後，維勒德告訴我，他想退學回村裡去。也許是不習慣新環境，或是課業跟不上，過去愛斯基摩或印第安的學生，很少能讀到大學畢業。我勸他「都努力這麼久了，再堅持一下」。然而某天，維勒德默默收拾好行李，回鄉去了。

過了一星期的某個夜裡，維勒德從北極圈的村落裡打電話到我的宿舍。

「剛才打獵回來，獵到了一頭熊……」

木訥寡言的維勒德特地打電話告訴我這件事。他的聲音聽起來就像是從籠中解放的鳥兒。我不禁尋思，他休學果然是對的。

「有一天，我要去你的村子找你。」

「嗯，隨時歡迎你來。」

我站在鴉雀無聲的宿舍走廊，感受到話筒另一端既陌生又遼闊的原野。

後來，我展開阿拉斯加之旅，造訪許多愛斯基摩和印第安村莊。在我眼中，狩獵民是全新的人類。忘了是什麼時候，我與愛斯基摩人一同站在早春白令海的流冰上，看著從南方飛來的大群王絨鴨。當我沉醉在群鴨捎來春訊的美麗編隊時，一旁的愛斯基摩人卻咂著舌頭舉起了槍，腦海中似乎只浮上久違的香噴鴨肉湯畫面。自然觀的差異雖令人莞薾，然而狩獵民與大自然的關係和世界觀，一點一點地吸引了我。

在希望岬的村子裡觀察愛斯基摩人獵鯨，在我心中烙下對狩獵民的強烈印象。他們划著海豹皮做的皮艇，在冰層龜裂形成的冰間水道（lead）中追逐巨大的鯨魚。那真是一言難盡的體驗。最令人感動的是他們對獵殺的鯨所抱持的神聖心態，解剖前的祈禱，以及最後將剩餘的頭骨送回大海的儀式……不只是獵鯨，即便是獵馴鹿或駝鹿時，也可以窺見他們以各種形式展現人與大自然的關係。

我常在思索，狩獵民的精神到底是什麼。我對保護自然、愛護動物這類詞彙並不感興趣，但是從狩獵民與大自然的關係中，我好像找到了一個重要的答案。也許這與狩獵生活必得接受的偶然性有關。例如獵鯨時，冰間水道決定了一切。春天，凍結的白令海會因為風和潮流的力量而漸漸出現裂隙，這種被冰層包圍的海稱為冰間水道。獵鯨時，冰間水道太大或太小都會失敗。不只如此，冰塊不斷滑動，有時冰間水道就倏地在眼前消失不見。也就是說，唯有在天時地利都吻合之下，愛斯基摩人才可能獵到鯨魚。這就是所有狩獵民共同的宿命吧。然而，狩獵生活內含的偶然性就此在人類身上培養出某種精神世界——亦即人類對存活下去的渴望。對鯨魚射出長槍，或是在森林遇到駝鹿時，心底深處都會這麼想吧：

要活在世上，就必須犧牲什麼，好讓自己存活下去嗎？我們每天都在做著沒有終點的抉擇。因為生命體的本質就是殺害他者，然後吃掉。儘管這種約定在近代社會中已經不容易看到，卻是狩獵民不得不直面接受的條件。約定，換言之就是血腥味。也可以置換成悲傷。而古代流傳下來的神話，就是從悲傷中誕生。

透過補償動物的儀式，安慰牠的靈魂，祈求牠能再次回來，為人類犧牲。總之，倘若我們不能去傾聽這道無言的悲傷——也就是世界的定律，那麼即使一輩子在山野闖蕩、在桌前思索，都無法真正理解人與自然的關係。人奪走了生活在那片土地的他者的生命，將牠的血吞入體內，藉此與大地有了更深的連結。放棄這種行動，也許人心在本質上會離大自然愈來愈遠。

塞斯納飛抵費爾班克斯。這道馴鹿湯外送行程，可是橫越了超過五百公里的阿拉斯加原野呢。我立刻打電話給朋友的女兒。

「珍妮佛，我剛從安博拉回來。你爸爸有東西拜託我交給妳。要不要猜猜是什麼？」

話筒的另一端，珍妮佛思索了好一陣子。那馴鹿肉是珍妮佛的哥哥艾文獵到的。湯已經冷了，但是懷念的原野之血將流進珍妮佛的身體裡吧。

河狸子民

靠在塞斯納窗玻璃的額頭讓太陽曬得暖暖的。融冰不久的育空河波光粼粼，在大地蜿蜒。散布在眼下的無數湖泊，連名字都沒有。恐怕以前從來沒有人鄰水而立吧。與人類世界毫無關聯，只是為了自己而存在的大自然——阿拉斯加的這種無意義的廣闊，始終吸引著我的心。

我時常會陷入這樣的幻想：如果盎格魯撒克遜人從來沒有登上美洲大陸……如果這片土地只屬於與世隔絕的印第安人和愛斯基摩人……他們的歷史有一天也會和我們一樣，建立起現代文明嗎？只因為速度的差距，人類的生活就發生必須轉變的宿命嗎？所謂歷史，是沒有選擇、一去不返的連串事件。這種事就算想破頭也沒有用，但我腦中仍然浮想聯翩，反覆思索著與近代接觸之前——即一至二世紀前——人類與大自然調和下的生活方式。

塞斯納越過育空河，朝阿薩巴斯卡印第安村察爾基齊克飛行。要去那個村子見見今年高齡八十三的印第安人大衛・鮭魚。這兩年間，我們陸續拜訪阿薩巴斯卡印第安村的耆老，無論如何，得盡快聽他們說說快要消失的人間故事。我們指的是我和印第安好友沃爾達・紐曼。察爾基齊克是這趟訪問之旅的首站。

察爾基齊克是印第安語，有魚鉤之意。位在從布魯克斯山脈流下的布拉克河沿岸，是個不過百餘人的小村落。想必自古以來河魚很豐富吧。許多內陸的印第安村都是這樣，幾乎所有的房子都是小木屋。在外來者眼中，比起已進化成現代房舍的海岸愛斯基摩村，內陸是一片美麗的村莊景致。

大衛・鮭魚酋長在阿拉斯加阿薩巴斯卡・印第安人的世界中位居第二

把交椅，也是精神領袖。他凝視人們的目光中總透著暖意，臉上寫著做人的品格，那是挺過一個時代的人才有的神情。我打從第一眼就喜歡上這位耆老。他的妻子已經去世，我們便下榻在大衛獨居的小木屋裡。

阿拉斯加原住民的分布大致可分成居住在海岸一帶的愛斯基摩人，以及住在內陸的阿薩巴斯卡印第安人。沃爾達從小在河狸印第安村長大，直到從他口中聽到法蘭克·安田的名字，我才知道他體內流的是愛斯基摩人的血。一九〇七年，耐不住飢餓的愛斯基摩村民，在一名日本人的率領下，耗費兩年時間穿越北極圈原野，好不容易抵達印第安人的區域——現今的河狸村。沃爾達的父親也參與了這場壯闊的旅行，但當時還是個孩子。沃爾達在父親到了晚年才聽聞這趟旅行經歷，於是像個說書人般，將這段故事牢記在腦海。沃爾達在孩提時代，也與晚年的法蘭克·安田一同住在河狸村。我想，他對自身民族的歷史和興趣，肯定是來自這些體驗。

「大衛，說個故事來聽聽。」

一見到老人家，沃爾達當作打招呼說的話，還是一樣有趣。然而，或許在遙遠的過去，它就是人們日常生活中重要的一部分。

夜裡（但已是白夜季節），我們聆聽大衛的故事。儘管過了深夜十二點，仍聽得見村民或孩童的喧鬧聲。極北的夏夜，時光彷彿停止了一般。

「很久以前，印第安人腦中只想著三件事：大地、動物和人。都是為了生存啊。財富？沒有人會想那種東西……共分成三個種族：最好的印第安人（best indians）、普通印第安人（medium Indians）、奴隸印第安人（slave Indians），我們身上流的是奴隸印第安人的血。最好的印第安人是很久很久以前就來到這塊土地的人，他們的皮膚很黑，執掌一切生存所需的命令，其他人便遵從……」

「很久以前是指什麼時候？那些人是從哪裡來的？」

「好幾千年的古早以前。那些人是從西伯利亞另一頭過來的。」

我驚覺老人從自己體內意識到太古時代已沉入大海的白令陸橋，而非視為一種知識。

「最好的印第安人是最富足的人嗎？也就是說，有階級之分嗎？」

「不是，與財富沒有任何關係。在人們站在分歧點時，由他們來決定前進的方向，走哪條路才能生存下去……」

從大衛的談話中，到底聽到了幾次「生存」這個詞呢？

「人們為了生存，總是一邊生活，同時注視著動物。不同的人為求生而獵捕的動物也各不相同。老烏鴉（年老的渡鴉）村印第安人的動作像馴鹿，往往在人們跳舞時表現出來。育空河的印第安人是最強的民族，因為他們吃的是溯急流而上的鮭魚……而我們是河狸的子民。你有沒有發現察爾基齊克村人說起話來很沉靜。因為我們吃河狸，像河狸一樣生活……」

我不禁想起小屋入口的儲藏庫，放著一隻河狸的屍體。

「古時人類四處流浪、追逐動物，在寒冬出行時，跑得快的人負責送火。往下一個野營地前，其中一人先出發，一面前進一面蒐集數把柴薪。待全體出發時，跑得快的從餘火中撿起木頭，率先趕到下一個篝火處。就這樣一段一段送火、前進到下一個野營地。他們從黑楊木的莖取得粉末，用石頭點火，可是要在零下五十度嚴寒中生火不易，所以一旦點燃就得非常小心運送……」

某天午後，八歲的小孫女雪莉來玩。大衛坐在椅子上對她說起古老的傳說。

「很久很久以前，有個女人在部族間的戰爭中存活下來。妳看，山對面不是有座山谷叫伊格魯溪（Igloo Creek）嗎？於是倖存的女人獨自在那裡捕魚生活……」

雪莉是現代的孩子，卻相當專注聆聽。一時間這個景象讓我呆住了。多年後，當這孩子成為母親時，也會將今天的故事說給自己的孩子聽嗎？

「爺爺，我下次再來喔！」

雪莉說完後走出小木屋的身影，傳達出年幼的孩子對老人滿懷敬意的心思。這也是將離去者與活在未來者交錯的神奇瞬間。

站在村外的山坡上，可以一眼看遍綿延至地平線的早春原野。這就是原始的大自然啊……我所傾心的這片人跡未至的廣大土地，如今看來似乎有點不同。

只不過見了一位老印第安人，風景就朝自己說起了故事。看似無人造訪的原野，其實已有形形色色之人踏訪。在舒適的極北風吹拂下，我想起某本書的一段話：

「所有的物質都是化石，那段過去並非經歷一次就結束了。當風包裹住身體，只要想像吹來的是古老的傳說就行了。只有風才是柔軟得難以置信的真化石……」

某個家族的旅行

久別不見的派特寄來了一封信。

「道夫，你好嗎？我現在正開著車在美國旅行。住處還沒有著落，但我打算在秋天之前決定。凱文說在匹茲堡的攝影展遇到你，他非常開心。」

派特．馬可米克離開阿拉斯加已經一年了，除了留下來當獸醫的女兒凱倫之外，其他的孩子都移居美國本土。次子凱文完成康乃爾大學的博士課程，現在是相當優秀的年輕化學家。

我與這一家有著十五年的交情，就在我移居阿拉斯加的第一年……

一個秋日，我在麥金利國家公園的山中遇到一匹狼。牠是我遇見的第一匹狼。當我背著沉重的背包，追逐牠消失在山谷間的蹤影時，與兩個年輕人不期而遇。

「我剛才在這附近看到狼了。」

「是啊，我們也看到了。原來我們在追同一匹狼啊。」

那是紅葉鮮豔奪目的季節，我們之間都顯得有點靦腆，卻還是做了自我介紹。他們是凱文和保羅兩兄弟，全家人剛從麻薩諸塞州搬來阿拉斯加。哥哥凱文從秋天起就讀阿拉斯加大學的新學期，所以今天會回費爾班克斯。我也剛進入阿拉斯加大學。

「哪個系？」

「野生動物學系。」

「咦，我們是同系。」

從此，我便與馬可米克家結下不解之緣。

由於選修同樣課程，我們漸漸變得熟稔。凱文不像那些不拘小節的同學，生性害羞的他散發出文靜沉著的氣質。我心想，可能是保守美東人的緣故。後來才知道馬可米克家擁有極為優秀的家世。凱文後來雙主修化學，兩個系都以最高分畢業。然而奇妙的是，每當我看到凱文時，一點也不會在意他在學校的成績。而他只要有空，就會和弟弟保羅背起背包，走進阿拉斯加的大自然中。不只是凱文，整個馬可米克家都像是為了追求什麼才來到阿拉斯加。

不久後，我與兩兄弟的母親派特也變得更親近。起初對她的印象是有點頑固、不願敞開心扉，直到多年之後，凱文某天突然談起了家族歷史，我才明白他們一家人搬來阿拉斯加的原因。

兩兄弟的父親是化學家，早年即死於飛機失事，母親派特獨力扶養五個子女。女兒雪莉在哥倫比亞大學主修中文，以其優秀的馬可米克家世與出色的成績，被選為美國總統的華語口譯官。

不料在一九七九年春天，雪莉遭到殺害，凶手據說是她的男友。兩個月後，派特就開車載著四名子女到阿拉斯加散心，計畫離開麻塞諸薩州一年，在阿拉斯加過冬。

不知不覺，這趟旅程已經超過了十年。

長期攝影行程結束時，我都會去馬可米克家吃晚餐，在餐桌上暢談旅途中的趣事。每到這時，派特總是聽得兩眼發亮。不只如此，她漸漸地願意親身接觸阿拉斯加這塊土地，凱文和保羅兩兄弟則從旁協助。他們也曾經為了觀察馴鹿的季節遷徙，前往北極圈的凍原露營。這對於一輩子都待在美東保守家庭的母親派特來說，肯定是場前所未有的大冒險。然而她逐漸打破自己的外殼。

有段期間，我以「為什麼人們會來到阿拉斯加？」為主題，為日本的雜誌撰寫專欄。性格、背景各異的人，懷抱著自己的故事，為了追求某個目的而來到阿拉斯加。這時我想起了派特。可是，我不打算訪問她，而是憑自己的觀察來撰寫。因為我也有一段與她相仿的過去。

剛滿二十歲不久，好友便遭遇山難，那時我深深感受到人的一生多麼短暫，很可能哪一天就會突然中斷。我也同時理解到，人們並不是活在日曆或時鐘所跳動的時間之中，而是一種屬於潛意識的、更為脆弱的生命時間之中。一旦澈底了解到自己擁有的時間有限時，生命才可能轉變為巨大的力量。從結果來說，好友的山難事故卻給了我再次走向阿拉斯加的契機。或許直到那時，我才真正對大自然產生興趣，並渴望去接觸那廣闊得令人咋舌的荒野。我感覺自己似乎可以從中找出重要的答案。應該就是從偉大的自然中得到了力量吧。我內心這股感受似乎與派特不謀而合。

我讓派特看我寫的文章。派特從來沒告訴我女兒雪莉的事，對於我知情略感驚訝。她希望我將這篇文章翻譯成英語給她聽。

我懷著不安，不知能否正確傳達自己的想法，只能盡可能譯成英語。派特細細聆聽著，過程中沒有一句評語，只是默默流下淚來。我不禁感到後悔，心想自己是否擅自闖進了她的內心。然而，派特卻向我道謝。

去年冬天，我在匹茲堡舉行首場攝影展。開幕派對上看到了懷念的面孔。繼承父親衣缽，走上化學家之路的凱文，特地從紐約風塵僕僕趕來。靦腆的性格依舊，不同的是身旁多了新婚的妻子，兩人看起來十分幸福。

我們回憶當年因追蹤狼而相識的那個秋天，話起家常。凱文搬到紐約七年，對他而言，阿拉斯加已是一片遙遠的土地。但不只是派特，凱文和馬可米克一家人都從阿拉斯加的自然中得到力量。凱文告訴我，派特正在四處旅行，尋找新的家園。想必馬可米克家即將迎來新的時代。

「很遺憾不能出席你的攝影展。凱文在信中鉅細靡遺告訴我見到你的經過。孩子們都要展開各自的人生了。對了，今年春天我跟團第一次去非洲旅行。那裡與阿拉斯加的自然完全不同，我看到許多野生動物……我想你還是忙於攝影吧，請多保重。等我決定落腳的地方，再通知你。那麼，再會了……」

愛斯基摩奧運會

每年七月，費爾班克斯會舉行愛斯基摩奧運會，來自阿拉斯加境內村落的許多選手會聚集而來，參加自古流傳下來的各種競技（遊戲）。像是用一根線綁住兩個人的耳朵拔河、比誰球踢得高的高踢比賽……反正就是一場滑稽奧運會。而大會的主要活動，居然是每個村子帶來的傳統愛斯基摩舞。到了夜裡，數千人會擠進城中心的巨大室內會場。不只是愛斯基摩人，來自費爾班克斯及各地的阿拉斯加人，還有從美國本土遠道而來的觀光客也塞爆了會場。阿拉斯加原住民透過這樣的一年一度聚會，確認自己的身分認同，並且展現民族價值。

為期四天的奧運會開幕一早，懷念的故人打電話來。

「米利基洛克？沒錯吧。是我啊。阿爾！阿爾．金基克！」

米利基洛克，是很久以前在希望岬時，愛斯基摩族人幫我取的名字。當時一起去獵鯨的夥伴阿爾．金基克打電話來，他與希望岬的村民都來到了費爾班克斯。

「我從一大早就翻電話簿找你的名字，一直找不到，因為我忘記了你的姓！」

我對著話筒哈哈大笑。天知道他到底花了多少時間才找到我。

「今晚，希望岬村要表演舞蹈，下午你來阿拉斯加大學看我們練習吧。約翰和毛莉也很想見你。嘿，米利基洛克，待會兒見。」

英語中有個「It made my day」的說法。這是說一件芝麻小事，也能讓人整天活力十足，充滿朝氣。也許人心就是這樣。很久以前認識的人正思念著自己，是何其幸福的事。

在希望岬加入獵鯨行列，已經是十三年前的事了，我雖四處旅行，卻不曾有過如此強烈的感受。直到現在，那一夜的景象依舊烙印在腦海中。

一頭露脊鯨緩緩從遠處游入冰間水道，冰上營地裡所有人全屏住氣息，望著那個黑點。包圍我們的冰的世界染上了奇異的白夜色彩。滿月掛在天上。

長船（用海豹皮做的船）每隔一百公尺排列在冰上，男人們躲在船舷，凍結似地一動也不動。時間停止，這個世界彷彿只有那頭毫不知情的露脊鯨在游動。那時的寂靜令人難忘，靜得如此深沉，好像聽得到鯨的呼吸聲。

十幾艘長船不約而同一起滑入海中，重重的人影安靜無聲，在耀眼的海面上朝著那黑點前進。美極了。渺小人群在自然這個巨大容器中的行動，美得難以形容。

經歷約一個月的獵鯨，那一幕幕景象沉澱在我的記憶底部，而這都是阿爾給我的機會。通常獵鯨行動不太會讓外來者加入，但阿爾向長老請求，我才能夠隨行。阿爾是個有脾氣、性格強悍的人，但是他的表情、視線和動作，無不令人感受到愛斯基摩淵遠流長的血脈。

那天下午，我帶著妻子前往阿拉斯加大學的練習場。我已在電話中提到去年結婚，就快當爸爸的事。門還沒打開，就聽到激烈的打鼓節奏。二十多位村民敲著傳統的鼓，一邊歌唱跳舞。我擠入參觀者中，從遠處張望時，看到阿爾正朝我揮手。

我們不想妨礙練習，於是輕手輕腳就座。這時，我看到了獵鯨時的領袖——村中長老約翰·奧克崔克，以及我最喜愛的夫人毛莉的身影。約翰也很快就認出了我，轉向毛莉小聲交談。接著又看到下一代的支柱恩尼斯特與彼得。多麼令人懷念啊。

村人歡樂的練習中透著幾分嚴肅，長老們毫不留情地跳出來指點那些跳愛斯基摩舞的孩童。他們期望岬村人的舞蹈成為阿拉斯加最強有力的舞蹈，聞名四方。

突然間，阿爾站起身。他要表演獨舞嗎？還沒看過阿爾跳舞呢。只見阿爾一骨碌地轉向我們，高舉雙手，大聲吶喊著：

「道夫，這支舞獻給你！」

現場所有的視線全投向我們，我一時不知所措。

拍打海豹皮的敲擊聲，漸漸地與他剛猛的舞姿互相應和，在村人的歌聲中，阿爾恍如化身成另一種動物，在廣大的會場跳動繞行。體內漲滿的能量、遙望遠方的目光……這個男人的舞蹈令人感覺到自太古時代悠遠相連的人類氣息。我驀然想起阿爾過世的父親，最後一個活在真正愛斯基摩時代的人。在希望岬的某一晚，我曾經傾聽這位老者訴說上古獵鯨的故事。

練習結束，全體一起禱告。然後我走上前，輪流與約翰、毛莉、阿爾擁抱，慶祝久別重逢。

夜已深，愛斯基摩奧運會場擠進數千人。不久，輪到希望岬的村民上場。強有力的鼓聲與歌聲響起，可愛的愛斯基摩孩童、長老、婦女跳起了各自的故事。接著是阿爾出場。這男人在被觀眾擠得水洩不通的會場中，依舊如魚得水盡情飛舞，他那充滿靈魂的舞蹈，讓所有人陷入亢奮之中。會場爆出如雷的掌聲，我激動、愉悅得如同自己達到這般成就。我好想隨便抓住一個人告訴他，我當年和那男人一起划著長船，在北極海追逐鯨魚……

第二天，村中長老約翰．奧克崔克與妻子毛莉，在阿爾的陪伴下來到家裡。我十分敬重約翰，他至今依然是保有強大傳統的希望岬的精神領袖。對我而言，他就像父親一般的存在，而約翰也待我如子。

我們侃侃聊起十三年前獵鯨的回憶。

「鯨魚游來的那個寂靜夜晚，你在冰上奔跑，於是被大夥臭罵一頓。」

「是啊，當時根本不知道鯨魚連這點動靜都聽得見。」

不知不覺話題轉向即將出生的孩子。

「我幫孩子取個愛斯基摩名字吧。」

「真的嗎？」

「尼庇克……就這個名字吧……這是我母親的名字，她一定會喜歡的。」阿爾說。

我回想起希望岬村那位八十五歲依然健在的白髮老奶奶。雖然只是繼承她的名字，內心卻有種預感，我們會因此結緣。

驀然間，約翰．奧克崔克長老哼起了古老的愛斯基摩歌謠，悄聲吟唱，像是在對誰低語。我們在窗口灑進的夏日暖陽中，聆聽他的歌聲。

錫特卡

若問起阿拉斯加哪個城鎮最美，應該就是錫特卡吧。錫特卡位在阿拉斯加東南海面無數島嶼中的巴拉諾夫島，也是島上的港口。據說十九世紀，俄羅斯帝國經由毛皮交易掌控了錫特卡，當時·它仍是島上的夢幻首都，被喻為「太平洋的巴黎」。舊金山還只是個鄉下小鎮的年代，錫特卡不只是太平洋沿岸的文化中心，更被留下遠古冰河遺跡的森林和湖水所環繞，是個風景如畫的城市。

一八五六年，俄國在克里米亞戰爭中敗給英法同盟，決定出讓阿拉斯加。一八六七年，更僅以七百二十萬美元，將包含阿留申群島的阿拉斯加全境轉讓美國。後來，首都從錫特卡移到以淘金熱聞名的朱諾，錫特卡的繁榮迅速衰退。此後又過了一世紀，這座城自此隱身在歷史的舞臺後。然而，正如許多阿拉斯加人所說，錫特卡仍是我有朝一日想定居在此的夢想之城。蔓延至海岸邊的深遂針葉林、環抱冰河的山巒、不時噴著氣游進島內峽灣的座頭鯨、雨霧迷濛的潮溼城市……這裡的人們彷彿已在古老的自然節奏中學會了緩慢呼吸。

八月，前往阿拉斯加東南海域追逐鯨魚的我，途中路過久違十年的錫特卡。過去成長於這個城市的友人，給了我幾個名字，叫我去見見他們。

還好沒有先訂旅館，我找到了僅此一家印第安家庭經營的舒適民宿。特林吉特印第安人雖曾敗給侵略的俄羅斯人，卻還是圖騰柱子民，懷著統治過這片土地的驕傲。

民宿的主人是個六十出頭、別具風格的印第安媽媽，似乎是將孩子們長大離家空下來的房間開放作為旅宿。正好那天晚上女兒一家回娘家，便招待親戚鄰居，成了晚餐聚會。女兒喬琪娜嫁給白人丈夫，有個十歲兒子，是個傳承特林吉特印第安血脈、深具魅力的美麗女子，在阿拉斯加州從事原住民醫療福利的重要職務。從母親慈愛的表情可知，喬琪娜是她的驕傲。

那天釣到重達二十公斤的國王鮭，喬琪娜的十歲兒子吃得頻頻咂嘴，大人們則是文雅有禮地度過愉快的夜晚。我在一旁悄悄注視著這群在雄偉的大自然中，過上坦蕩一生的老人。

從餐桌上的談話，才得知最近一則有趣的新聞。一名在近海划小船捕魚的青年遇見了一頭高大如山的鯨魚，於是連同小船被鯨魚的尾巴整個掃上空中。不料噴飛到空中的青年居然又掉到鯨魚身上，便坐在鯨背上偕鯨魚一同游起泳來。

聽著這童話般的經歷，老人們臉上的紋路不變，露出柔和的表情從窗口望著大海。他們將已逝去的時代藏在心中，也用觀察萬象動態的眼光，注視著成長於新時代的孩子們。孩子們雖看似信心滿滿，卻會停下腳步回望老人們的時代，生怕自己是不是忘了什麼重要的事。然而在時間的流動中，生活不斷變化，一如無常的雲，而我們的模樣永遠不會再回到那個狀態。也正是因為從人間的風景中湧上這股感受，所以才會產生微感苦楚、卻又備覺溫暖的心情吧。

派蒂也是朋友希望我見上一面的人。她是白人，從印第安人身上繼承了草藥知識。她帶著兩位特林吉特印第安老太太前來，帶我去森林裡摘北美刺人蔘（Devil's club）。北美刺人蔘是一種葉子背面有很多刺的植物，也是在林中步行最討人厭的角色。但削下莖的表皮泡茶，卻具有這片土地上任何草藥都比不上的威力。

牽著老太太的手走進森林深處，很快就找到了茂密的刺人蔘。其中一位老太太曾罹患癌症，醫師宣判來日無多。然而如今已五年過去了，對此連醫生都大感驚訝，直呼是奇蹟。老太太可沒告訴醫生，她偷偷喝草藥保養呢。

「為什麼不說呢，這是因為大人從她們還小的時候就再三告誡，絕對不可以把自己珍重的事告訴白人。因為不論是宗教（薩滿教）還是語言，白人都會報導公諸於世。她小時候聽父親說，曾目睹在森林中受傷的熊咬下刺人蔘的莖貼在傷口上。我認為那種事確實存在。」

在幽暗的森林中，派蒂一面幫兩位老太太削刺人蔘的莖，又接著說：「我剛來這裡時，遇見了一位印第安老婦人，正是在她的指引下，我才真正想了解草藥到底是什麼。她擁有令人驚異的知識涵養，並且以印第安人的方式傳授給我。換句話說，她要我靜靜地側耳傾聽。她說所有的植物都擁有力量，想得到那種力量，只能安靜聆聽，然後走向它……」

第二天，我去拜訪了名叫潔米的女士，她住在距離錫特卡二十公里遠的海邊森林。朋友說，她們一家人在大自然過著非常艱辛的生活，不妨去見識那樣的生活。

我來到空無一人、悄然無聲的峽灣時，潔米正好也到了岸邊接我。四歲兒子一屁股坐在退潮的岩石邊。從小小孩單純又堅毅的表情，似乎可以想像這個家庭過著什麼樣的生活。父親帶著十五歲的兒子出海捕魚，一時還回不來。

潔米是個纖細而安祥的女子，看不出來居然能離群索居，過著沒水沒電的生活。從海邊往森林走一會兒，就來到一棟飽經歲月摧殘的破舊小屋。我心想，真是一樣米養百種人。初次見面的潔米打開話匣子：

「有人說，世界上有兩種人。一種是過著奇妙而有趣生活的人，另一種是還沒有過上這種生活的人。換句話說，世界上沒有比每個人的一生更耐人尋味的事啊……」

潔米一面介紹著一家人在峽灣裡幾無訪客的平淡生活，又接著說：

「偶爾有人來訪，當下都驚嘆說著『你們在大自然裡生活，過得多麼精采』。可住上一星期，所有人都受不了。不就是寂寞與孤獨嗎？那麼，難道我就不孤獨嗎？並非如此。我必須面對極度的孤獨。可一旦突破了它，反而會在心中找到不可思議的平衡。假使待在城市裡，隨時可以逃避內心的孤獨，打開電視，或是聯繫朋友。有太多不和孤獨面對面的方法……但是，在這裡做不到。相反地，卻能找到唯有痛苦克服孤獨後才能得到的平靜。」

錫特卡的美，就藏在背後那片寬廣的深遂森林吧。人們可以在任何地方靜靜傾聽來自遠古的呼喚。

我嚮往錫特卡，希望有一天能在那裡生活。

夜間飛行

「道夫，暴風雪來了！不趕緊離開，就得關在這裡一星期。大型的低氣壓正在靠近。」

唐・羅斯剛在基地營降落，從塞斯納一出來就這麼說。

「回得了費爾班克斯嗎？飛到一半就天黑了吧。」

我們在呼拉呼拉河流入北極海的河口附近。前一天數千頭馴鹿才如海浪般流過。才到八月，怎麼會這樣呢？昨天還穿著T恤，今天就來暴風雪。

「快點！十分鐘。給你十分鐘準備。」

布魯克斯山脈已經消失在視野之中。分不清是雲還是霧的灰色罩紗不知不覺朝凍原沉落，如同一面巨牆逼近。看來是早晚的事，在起風前，必須飛離凍原。

拆除帳篷，將堆積如山的裝備塞進塞斯納，我們逃也似地起飛。雲的動態異常快速，連我都看得出大型低氣壓正在接近。我雖有多次從緊急狀況中逃離的經驗，但並不表示司空見慣。只要一次失敗或不走運就完了。

為了避免飛入不斷湧來的可怕罩紗，我們幾乎是貼著地面飛行。一面沿著凍原起伏，飛越幾個山谷後才漸漸提升高度。夾帶冰霰的雨敲打著窗面，接下來要變成雪了吧。

我稍感不安，還未接近費爾班克斯就要天黑了。這麼一來，即使遇到狀況也無法降落。但既然已經起飛，只能將一切交給唐。

黑壓壓的烏雲從四面八方快速包圍我們，塞斯納只能從雲縫中穿過。一旦前路被封住，就得立刻迴轉，尋找別的路線。狀況分秒變化。由於唐得視雲的狀況鋸齒狀飛行，到後來我已分不清置身何地。連交談的工夫都沒有，只能緊盯著前方。

有時可從雲隙間，看到流過布魯克斯山脈險峻山谷的河。來到這裡，再也沒有降落的場地，總而言之要想辦法越過這座山脈才行。沒事的，唐一再對自己說「沒事的」。

過去幾名罹難的叢林飛行員中，絕大多數都是技術高超的機師。但是在阿拉斯加，技術高超並不表示能完全避開意外事故。他們幾乎天天在阿拉斯加的自然中長途飛行。一切只不過是某天抽到了那張獨一無二的鬼牌，就這麼簡單，早晚的事。儘管傷感，但就是如此。而那張鬼牌，也正是阿拉斯加這塊土地深深吸引叢林飛行員的本質。

然而，還是有飛行員能下意識地逃開那張牌。那無涉於飛行技術，也不完全屬於判斷力，而是難以形容的一種個人特質。唐就具有這種無形的特質。更宏觀來看，說不定那就是運氣。

經過兩個小時奮戰，我們終於越過布魯克斯山脈。此時四周全然暗了下來，但已稍微遠離低氣壓，從雲隙還看得到星星。越過育空河之後，完全放晴，滿天星斗簡直難以置信。我一時想不透我倆的處境，心裡卻先大大鬆了一口氣。

終於有餘裕談話了，我戴上耳機，小麥克風靠在嘴邊，在引擎聲中以呢喃般的聲音對話。我和唐總是在飛行中像這樣天南地北聊著，將來的夢想、飛往非洲難民營的回憶、阿拉斯加的變化、人類的未來……明明一向在打趣，卻不知何故總會聊起這些正經的話題。或許翱翔在空中的非現實性，讓我們的心境也昇華了。

只不過，今晚彼此的話都少了，氣流穩定，寧靜飛行著。這是我頭一次坐在塞斯納的夜間飛行。星星在閃爍，聖．修伯里的《夜間飛行》似乎也是這般光景。

四周景物靜止不動，彷彿我們飄浮在名為夜的海上。不論是山、河或森林，黑暗中世界只看得見朦朧的輪廓。就像在夜晚的森林裡不住呼喚的貓頭鷹，正因看不見，才能述說不同的故事。我倆之間的沉默可能是出於這樣的原因。生命變得抽象化，也就是根源化。

儘管腦中混沌，可我卻很清楚唐正在想什麼。他妻子不久前說過的話，在我腦海中盤桓不去。

「他啊，認為下一個就是自己……」

去年秋天，我們的飛行員夥伴，也是唐最好的朋友不幸身亡。更早之前，兩位熟識的叢林飛行員也相繼罹難。大受打擊的唐勉強為我們打起精神，但是那股無力感，我心知肚明。冬天來臨之際，唐展開一趟長途旅行。他買了一輛小型的中古野營車，巡迴美國去拜訪想念的友人。旅行回來後，唐的狀況看似稍微恢復，但我想應該還是懷著難以排遣的鬱悶。當時好友在布魯克林山脈失去音訊，就是在這種當季罕見的暴風雪日。沒事，唐不會死的。我想這麼說，但還是沒能說出口。

我回想起多年前與唐度過的某個夏日午後。我們在北極圈廣闊的凍原上飛行，追逐馴鹿大遷徙。突然間，下方出現一片粉紅色的大地，我們在上方迴旋降落，想確定那到底是什麼。一方面也因為飛行的疲累，想找個地方休息。

幾次彈跳後塞斯納止步，那裡是一望無際的花海。在令人昏眩的地平線包圍下，我幾乎醉倒在那片廣闊的空間。我們一個勁兒地往前走，連一頭馴鹿也沒瞧見，只有極北的小花在風中搖曳。有時你是否會覺得，明明只是平凡無奇的風景，卻在日後的某一天湧上無盡的懷念？隨風起伏的草原、附著在岩石上色彩奇特的苔蘚，這些絕非特殊的景象，卻始終沉澱在記憶深處。

翻過白山的低矮山脈，費爾班克斯的燈火映入眼中，城市不大，對於剛從原野歸來的我們，卻是大都市般的夜景。明知是人工堆砌而成，我仍鍾愛夜景。從空中俯瞰的無數燈火，彷彿連人的行動都可加以抽象化，不禁心生無限愛憐。

一萬道煙之谷

爬上高坡，「一萬道煙之谷」（Valley of Ten Thousands of Smoke）的全貌展現眼前。夕陽從雲間射下，將荒涼雄偉的山谷映照出奇異的金黃色，是一道將人類遠遠拒之於外的景象。不帶一絲生物氣息，唯有光與影時刻移轉，裂成數條的深谷早已沉落在陰影下，猶如月球般的世界瀰漫著可怖感。

實在難以想像這座山谷打從遠古到那一天前，都為濃鬱的森林所覆蓋。大自然潛藏著人類智慧難以企及的力量，興之所至便將地表辛勤累積的成果連根拔起。大自然恐怕連這番作為的意義都一無念想吧。聳立在遠處的卡特邁山若無其事地升起了白煙。

我在視野開闊的懸崖草叢裡架起帳篷，不自覺湧出了苦澀的感懷。二十年前，好友T也是這樣架著營帳度過了最後一晚。坐在火山灰的大地，眺望日暮的山谷，遙遠的夏季就如昨日般歷歷如新。然而痛苦的記憶在歲月這個萬花筒中，曾幾何時成了懷念的回憶。稍微起風了。太陽已快落到卡特邁山後頭。

卡特邁國家紀念公園，是位於阿拉斯加西南部一座遼闊的國家公園，其中分布無數湖泊，夏季鮭魚溯溪產卵，為世界上最大的鮭魚寶庫。我為了拍攝熊的生活，多次來到此地。山中的「一萬道煙之谷」卻是第一次來。昔日卡特邁山附近坐落著幾座小村莊，如今已無跡可尋。環太平洋火山帶包含日本到阿留申群島，也延伸到這裡，綠茵的山谷、人們的營生都在這股力量下消失殆盡。

一九一二年六月一日，卡特邁山村的愛斯基摩居民感受到第一起地震，大地晃動的次數與日俱增，民眾籠罩在恐懼中，紛紛逃往海岸地帶。六月六日清晨為止，村子已全數清空。卡特邁山是附近標高最高的山（二二八六公尺），但是村落隱身在重重山巒之後，往西北看只稍微瞥見頂峰。多半出於這個原因，村民對這座山一向不以為意，族人的傳說中也沒有留下任何火山爆發的故事。

薩布諾斯基村的村長亞美利加．彼特（American Peat，美國泥炭？真有趣的名字）是少數目擊這場火山爆發的人。彼特與夥伴當時在卡特邁山東北約二十九公里原野處打獵，由於受到一再發生的地震驚嚇，正打算收拾狩獵營地時，中午便開始山搖地動。

事後植物學家葛利格斯（Robert F. Griggs）率領探險隊進入谷地，留下了彼特的談話紀錄：

「卡特邁山爆發後噴出驚人火焰，火與煙從山頂直灌而下朝我們而來。所有人坐上了百達卡（baidarka，用動物皮製造的皮艇）逃亡。所幸大家划得很快，一天就抵達納克涅克湖。但四周一片漆黑，什麼也看不見。灼熱的煙灰從天而降，宛如地獄。」

他們很幸運，村民划著百達卡再度沿納克涅克河而下，逃向海岸線時，正好吹起強勁的南風，將大量的餘燼吹往另一個方向；再考慮到爆發規模之大，既無人死亡，也幾乎沒有目擊者，全是因為發生在地廣人稀的阿拉斯加吧。這場火山爆發，讓火山灰升到平流層，甚至飄到非洲，同年的平均氣溫下降一．八度，為整個北半球帶來了冷夏。

三年後的一九一五年，葛利格斯探險隊首度造訪這座遍布火山灰，早已今非昔比的山谷。葛利格斯也是植物學家，此次探險的目的是調查卡特邁山周邊變化，以及大地植被的恢復程度。記錄這趟調查的舊十六釐米膠捲，仍保留至今。他們在幾乎深達腰部的駭人火山灰中游走，慢慢接近這座山谷。爬上山坡後，看見了噴發著一道又一道蒸氣，宛如無數煙囪埋葬於此的廣闊山谷。

「一萬道煙之谷」，就是葛利格斯以這副景象所命名。當時拍攝的照片中，還有隊員們將平底鍋放在地面煮菜，或是雙手輕鬆搬起巨石的畫面。曾經蓊鬱深綠的卡特邁山谷世界，僅僅一天就完全變了模樣。

過了半世紀，廣闊的「一萬道煙之谷」已完全冷卻。世紀末般的景致中只剩下風在哀鳴。儘管如此，我仍然可以想像葛利格斯眼中的景象。暫且平靜下來的卡特邁山說不定哪天又會再震動起來。我們原以為能安心立足的大地，其實並不如想像中的穩定。

我會突然想到T，可能是因為二十年前的那場事故之後，我對火山始終懷抱著特殊情感。那是一種彷彿自己也屬於它、甚至可稱作親密的情感。每當聽聞世界哪一處火山爆發，我都會側耳遙聽它的聲音。

我和T從國中即結為好友，我們懷抱著共同的渴望：有一天要去看看遙遠而陌生的土地、在那裡生活、邂逅價值觀與我們相異的人們、感受人類智慧也難以抗衡的自然力量……如此這般朦朧遠大的夢想。中亞探險家赫定（Sven Anders Hedin）、希普頓（Eric Earle Shipton）、阿爾謝尼耶夫（Vladimir Arsenyev）等人都是我們的偶像。對於他們踩踏過的廣大沙漠與高山，以及無邊無際的針葉林等令人驚異的大自然，我們心生無限嚮往。

不久，我們上了大學，我去阿拉斯加，T走進菲律賓山岳民族的世界。我們都想追求另一個現實……潛行在每日生活中的某種無形事物，既足以動搖自身存在、也是確實感受到的什麼。不論是自然，還是人的生活，也許我們在尋找的是能夠映照出心靈的鏡子；而且是一面讓人變得激動、雀躍的明亮鏡子。

某一年夏天，T去信州登山，預計在山頂下方自然形成的岩洞裡野營。但可能是先前待過這個岩洞的登山客把洞內弄髒，於是T改變計畫，攀爬到山頂架帳篷。至少，他在日記裡是這麼寫的。

可能已經有了前震。可能是聽見地底轟隆隆的吼聲。可能是察覺異象的動物或鳥出現奇怪的行為。誰能想像得到，那一夜，從江戶時代沉睡至今的山爆發了。

即便如此，是T自己不知何時走進了迷宮。但那不就是我們總是相互傾訴的世界嗎？臨終前，那傢伙肯定不忘回頭凝視著眼前怒號的火山吧。T沒能回來，但是直到今天我都記得當時的奇妙心情。一回神，我察覺自己已經遺忘了那無以復加的悲傷，反而想追問T那一夜到底看見了什麼。

落日的餘暉讓「一萬道煙之谷」瞬間像著火燃燒一般，夜色幽幽湧近，風加大了力道。

勿忘草

十一月的某個晚上，我在北極圈的暴風雪中，得知孩子誕生的消息。可能受強風影響，無線電聽不太清楚。然而關上開關之後，我感覺體內深處源源不絕湧上了力量。即使鑽進睡袋也輾轉反側，腦海中盤旋著紛亂的思緒。關掉頭燈，在夜晚的黑影中單調地聆聽呼嘯的風聲。

在阿拉斯加的旅行，不知不覺已經過了十六年。從何時決定在這片土地上生活的呢？我想大概是對於單純當個旅人，逐漸感到疲倦和不滿足，所以萌生了這樣的想法。此外，或許也是逐漸意識到人生所確實擁有的時間。不管原因為何，當決定在這塊土地上扎根之後，我所看出去的風景變了。不對，風景沒有變，只是無論自然，抑或人們的生活，我看得一清二楚，就像卸除了毛玻璃一樣。

北極圈凍原上遷徙的馴鹿群、阿拉斯加東南海域強勁躍出的座頭鯨身影，還有在這塊大陸上生活的愛斯基摩人和印第安人，這些生命都和我短暫的一生有了交集。不只是生命，這裡的山、河、風也都與我建立起親密的聯繫。過去的我，不論我多麼深入阿拉斯加，也許只是看了一部精采電影的觀眾。

直到我結了婚。妻子來到阿拉斯加生活一年半，鍾情於花的她，在一同出外攝影的田野中見到了許多極北的花朵，她完全傾倒於阿拉斯加原野上楚楚可憐卻頑強綻放的野生小花，也體會到在冬季漫長的北方生活中，短短夏季盛開的花是如何撫慰人們的心靈。倘若這裡沒有冬天，花兒四季盛開，想必人們對花的感受就不會那麼強烈了吧。

我也重新領略了阿拉斯加的花世界，並且漸漸投入攝影。平常總是將目光放在壯大的自然界，這片得彎下身子欣賞的阿拉斯加風景，著實令我感到新奇有趣。

去年夏天，為了拍攝花朵，我們特地去了白令海的阿留申群島。由於這些島嶼在冰河期未被冰覆蓋，形成了獨立的生態系統。不似阿拉斯加本土既長不出樹木，一年到頭又寒風凜冽，自然條件十分嚴酷；然而在那裡，簇生的花朵美極了。在嚴酷的自然環境裡盛開的花，那種美與溫暖明亮的南方之花絲毫不可比擬。妻子過去在大城市裡常去花店裡買花，看到此景想必相當震撼。

尤以島上的勿忘草，最是令人難忘。我們一直在尋找這種花，想觀察阿留申群島上的勿忘草，與阿拉斯加本土種有什麼樣的差別。問了阿留申族島民，爬上山區的碎石坡，還是找不到。沒想到不經意一彎腰，勿忘草就開在腳邊。不可能漏看才對。但那不是我們所認識、隨風搖擺的勿忘草，而是躲在岩石下綻開，一不小心就會錯過的小花。

勿忘草，英文名叫 forget-me-not。很高興得知這種惹人憐愛的小花，原來是富含荒野飽滿生命力的阿拉斯加州花。

「你知道阿拉斯加的州花是什麼花嗎？」

以前，我常帶著幾分得意不知問過多少人。然而在轉瞬夏日極為有限的時間，努力綻放的極北花朵，並不只有勿忘草，而且它們都很美。

忘了幾年前在北極海沿岸設立的基地營附近，也開著勿忘草。在陸地的盡頭，沒有人察覺它正默默伸展著淡藍色的花瓣。

那時，我隨同電視臺的工作人員，前往拍攝某個自然節目。卻因種種惡劣條件，攝影工作無法順利進行，徒留時間不斷流逝。我比誰都明瞭，必須趕緊拍完節目的焦慮，但是當人們都為此氣惱時，很容易對眼前的大自然視而不見。我察覺氣氛愈發凝重，略感擔心，便找了導演單獨談談。

所有人都盡了全力，而且我們面對的是大自然，所以也是無可奈何的事。舉例來說，再過十年、二十年後回頭來看，是否曾經為這個節目拍到好素材，或是根本沒拍到，都不是什麼大不了的事。其實，這裡可不是想來就能來，倒不如一天裡花個十五分鐘或三十分鐘，放下手邊所有的事，凝神細瞧自己究竟身在何處，看看花開、感受風吹、在遙遠的北極海旁設營地……不然太可惜了。隨風搖曳的勿忘草似乎也這麼說：我們既不能回到過去，也不能活在未來，只能活在當下。

事實上，我們的基地營非常棒。水晶般清澈的極北河潺潺流過；小群的馴鹿不時從旁經過，還以不可思議的眼神直盯著我們；躡手躡腳踏在凍原上，發現濱鷸或鴴鳥躲在草叢裡孵蛋。要是一個不留神走太近，母鳥會突然從眼前竄出，像受傷一樣拖著翅膀，引我們到遠方。而這時，賊鷗會在頭上盤旋，覬覦著親鳥離去的巢。

沿著河走在堤邊，不知為何盛開的花叢間會有北極狐的窩。是否因為在悠長的歲月中，經歷幾世代的北極狐排泄物供給了大地營養呢。在白夜的風吹拂下，靜靜等待，北極狐幼崽會從巢穴中現身，在花叢中嬉戲。狩獵結束的母狐則會從凍原的遠方叼著獵物跑來。

拍攝成果雖不如預期，但我們一行人所度過的時間確實存在。而且有意義的從來不是結果，而是過程。是那段無可取代的時間。

極北風撫面而來的觸感、夏日凍原的甜香、白夜的微光、差點忽略的小小勿忘草……我猛地停下腳步，試圖真誠地將這些景象留在五感的記憶中。我想珍惜白白流逝、不帶任何成果的時間；我想在心底某處，感受與人們匆忙生計並行的另一條時間流。

有一天，我能將這樣的心情傳遞給自己的孩子嗎？

久久無法入睡。聽著風聲拂過耳邊，我在夜的暗影中尋找那剛剛誕生、還沒見到面的生命氣息。

後記

在阿拉斯加的河流旅行，就會看到這片土地的象徵性風景——從河畔堤岸水平式橫向生長的雲杉樹林。在河流長年累月逐步浸蝕而改變流向的過程中，森林終於漸漸站上了河堤，不久後又緩緩被推倒。尤其是流量大的蜿蜒河岸刻蝕得很深，大量樹木傾倒，許多都已經浸在水中。現在到處都看得到快被河水沖走的樹木。粗暴，無人能阻止，我最喜愛這般混沌的風景。也許它正靜靜地告訴我們，所有事物會不斷移動，不會永遠停駐的自然原理。

我想起很久以前，在初行的北極海海岸，那天我想拍一隻停在大流木上的斑點鶇。但我一直想不透，為什麼草木不生的北極圈凍原上，會出現一塊被沖到海岸上的流木？那是一棵隨著水流經長途旅行到達大海，不久後被海流推送，來到遙遠北方海岸的雲杉樹。樹枝落盡，皮已剝光，再也沒有朝天空伸展疾刺的雲杉姿態。但是，那塊流木在這幕風景中成了地標。不只是一隻斑點鶇的棲息處，或許北極狐也會在上頭留下領域氣味。此外，流木將慢慢腐敗，營養便給了周圍的土壤。說不定有一天那裡會開出花來。這麼一想，這棵流木的生死界線霎時變得模糊，萬事萬物都處在沒有終點的旅行中。

回顧自己，來到這塊土地不知不覺過了十七個年頭。無根草般的旅行時代結束，我蓋起房子，在這片大地上生活後，阿拉斯加的風景變得不一樣了。從單身走入婚姻，生下孩子，這裡屢屢向我展現出不同的景致。書中各篇文章都是這幾年間寫的。我想就像那棵雲杉樹，每個人都在他們的一生中持續不斷的旅行；同時也在更大的時間流中旅行。

首先感謝文藝春秋的湯川豐先生協助我釐清本書結構，並且隨時鼓勵我。也非常感謝福音館《母之友》編輯部各位同仁，爽快同意讓兩年的連載成為這本書的一部分。

這裡的柳蘭花要綻開了，當它滿開時，阿拉斯加的夏季也將走向尾聲。再一個月極光就要在夜空中漫舞。極北的美麗之秋又將來臨。

一九九五年七月

星野道夫

國家圖書館出版品預行編目（CIP）資料

旅行之木／星野道夫著；陳嫺若譯. -- 一版. -- 臺北市：馬可孛羅文化出版：英屬蓋曼群島商家庭傳媒股份有限公司城邦分公司發行，2024.01
256面；14.8×21公分. --（當代名家旅行文學；MM1157）
譯自：旅をする木
ISBN 978-626-7356-29-6（平裝）

1. CST：旅遊文學　2. CST：美國阿拉斯加

752.7809　　112017957

MM1157

旅行之木

旅をする木

作　　者❖星野道夫
譯　　者❖陳嫺若
封面設計❖許晉維
內頁排版❖張彩梅
總 策 畫❖詹宏志
總 編 輯❖郭寶秀
特約編輯❖周奕君

發 行 人❖凃玉雲
出　　版❖馬可孛羅文化
104台北市民生東路二段141號5樓
電話：(886)2-25007696
發　　行❖英屬蓋曼群島商家庭傳媒股份有限公司城邦分公司
104台北市中山區民生東路二段141號11樓
客戶服務專線：(886)2-25007718；25007719
24小時傳真專線：(886)2-25001990；25001991
讀者服務信箱：service@readingclub.com.tw
劃撥帳號：19863813　戶名：書虫股份有限公司
香港發行所❖城邦（香港）出版集團有限公司
地址：香港九龍九龍城土瓜灣道86號順聯工業大廈6樓A室
電話：(852)25086231　傳真：(852)25789337
E-MAIL：hkcite@biznetvigator.com
馬新發行所❖城邦（馬新）出版集團 Cite (M) Sdn.Bhd.
41-3, Jalan Radin Anum, Bandar Baru Sri Petaling,
57000 Kuala Lumpur , Malaysia
電話：(603)90563833　傳真：(603)90576622
讀者服務信箱：service@cite.my
輸出印刷❖中原造像股份有限公司
一版一刷❖2024年1月
定　　價❖380元（紙書）
定　　價❖266元（電子書）

ISBN：978-626-7356-29-6（平裝）
ISBN：9786267356302（Epub）